PC-SCHULE FÜR SENIOREN

Schritt für Schritt ins

INTERNET

Ulf Hoffmann

Stiftung
Warentest

SCHNELLEINSTIEG

■ **Das Internet:** Was ist das überhaupt (Seite 19)?

■ **Zu Hause ins Internet gehen:** Sie benötigen einen Computer mit Netzwerkkarte (Seite 21), einen Router oder ein Modem (Seite 24), einen DSL-Anschluss (Seite 34), ein Netzwerkkabel und einen Browser (Seite 60).

■ **Zu Hause per WLAN ins Internet gehen:** Sie benötigen einen DSL-Anschluss (S. 34), müssen das WLAN einrichten (Seite 46) und brauchen ein Gerät, das WLAN-fähig ist (Computer mit WLAN-Netzwerkkarte, Laptop, Smartphone oder Tablet-PC).

■ **Unterwegs mit einem fremden WLAN-Netz verbinden:** Sie benötigen einen WLAN-fähigen Laptop, Tablet-PC oder ein Smartphone (Seite 103), dazu das WLAN-Passwort des fremden Netzes (in einem Café oder Restaurant meist bei der Bedienung zu erfragen). Vorsicht in offenen Netzen (Seite 53).

■ **Mit Smartphone und Tablet über Mobilfunk verbinden:** Sie benötigen ein entsprechendes Gerät, eine SIM-Karte, eine Mobilfunknummer und einen Datentarif (Seite 106–109). Vorsicht vor hohen Gebühren, v. a. im Ausland (Seite 110).

DIE GRUNDLAGEN

Die Handhabung eines Computers ist gar nicht so schwer, wie Sie vielleicht denken. Im Normalfall heißt es: Schalter drücken, Rechner hochfahren lassen und loslegen. In diesem Kapitel erläutern wir die wichtigsten Grundlagen für den Umgang mit dem Computer.

SCHREIBWEISEN IN DIESEM BUCH

Sie werden hier auf Symbole und Schriftformate stoßen, die Ihnen zunächst fremd vorkommen. Bevor wir beginnen, sollten wir daher einige Absprachen über die Bedeutung der Schreibweisen treffen, um das spätere Vorgehen zu erleichtern:

■ Wenn eine bestimmte Taste auf der Tastatur gedrückt werden soll, wird sie mit dem entsprechenden Symbol abgebildet: Esc (Seite 6 ff.).

■ Wenn hier von „Klicken" die Rede ist, meinen wir die linke Maustaste. Programme und (je nach der Einstellung Ihres Rechners auch) Ordner benötigen zum Öffnen einen Doppelklick,

■ Schaltflächen in den Programmen und Symbole in den Leisten werden mit einem einfachen Klick bedient. Wenn steht: Datei_Neu, bedeutet es, dass auf die Schaltfläche Datei in der Menüleiste geklickt, der Mauszeiger zum Untermenü geführt und hier Neu angeklickt werden soll.

■ Der Druck auf die rechte Taste öffnet in den meisten Programmen ein Kontextmenü. Wenn das gewünscht wird, heißt die Anweisung Rechtsklick (Maus siehe Seiten 12 f.).

DIE ARBEITSFLÄCHE (DER SCHREIBTISCH)

Werfen wir zunächst einen Blick auf den Computer und den zugehörigen Bildschirm. Nach dem Start schauen Sie auf den Schreibtisch, auch Desktop genannt. Wie bei einem richtigen Schreibtisch funktioniert auch die „Arbeitsfläche" beim Computer: Geöffnete Programmfenster liegen darauf, eventuell sogar übereinander, genau wie Briefe und andere Dokumente stoßweise auf der Schreibtischplatte liegen können.

Alle Programme haben ihr eigenes Fenster. Sehr praktisch ist, dass mehrere Programme gleichzeitig geöffnet sein können. Allerdings ist immer nur je eines aktiv und reagiert auf Ihre Eingaben. Jedes

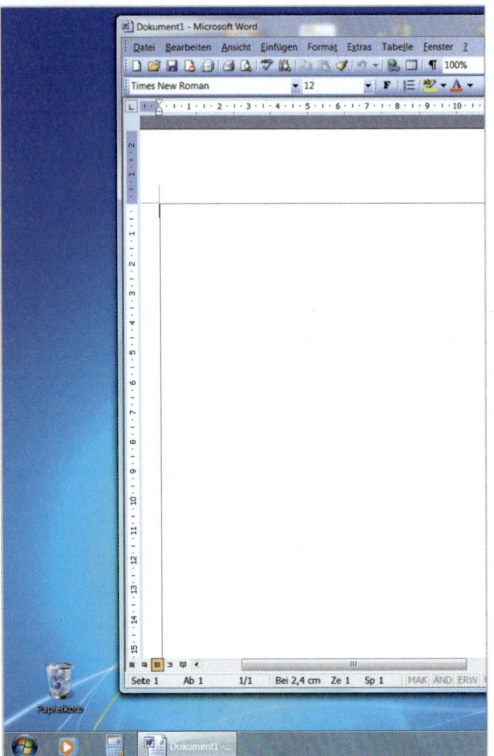

Programmfenster hat eine Titelleiste mit dem Namen des Programms, mindestens eine Menüleiste und fast immer auch Symbolleisten.

Die Tastatur

Die Computertastatur sieht der einer Schreibmaschine sehr ähnlich. Die Platzierung der Leertaste [   ], der Umschalttaste [⇧] und der Tabulatortaste zum Einrücken von Text [⇥] sowie der Buchstaben des Alphabets ist wie bei einer Schreibmaschine. Daneben gibt es jedoch einige Unterschiede, denn die Computertastatur enthält etliche Sondertasten. Ein Hinweis: Tragbare Rechner ordnen Sondertasten anders an. Die Bedienungsanleitung Ihres Notebooks informiert darüber.

Escape-Taste

Fangen wir oben auf der Tastatur an: Links außen befindet sich die [Esc]-Taste. Escape ist Englisch und bedeutet „entkommen"

INFO **Die Symbole in Programmfenstern**

Wenn Sie im Windows-System ein Programm öffnen, geschieht dies in einem eigenen Fenster. Allen gemeinsam sind die folgenden Elemente:

–   Minimiert das Fenster. Es wird zu einer Schaltfläche ganz unten auf der Taskleiste verkleinert – Sie können jetzt nicht darin arbeiten, das Programm bleibt aber geöffnet.

⧉ Nach einem Klick hierauf können Sie die Fenstergröße ändern (an den Außenkanten oder Ecken mit gedrückter linker Maustaste ziehen), sodass nur ein Teil des Bildschirms gefüllt wird.

▢ Vollbildmodus: Er maximiert das Fenster, sodass es den gesamten Bildschirm füllt. Die Schaltflächen für „Variable Größe" und „Maximieren" werden nie gleichzeitig angezeigt, da das Programmfenster entweder variabel oder maximiert ist.

✕ Diese Schaltfläche schließt das Programm. Dokumente können auch separat geschlossen werden.

oder „flüchten" und genau darum geht es. Wurde beispielsweise ein Menü geöffnet, das überhaupt nicht benutzt werden soll, dann brauchen Sie nur einfach auf [Esc] drücken, und schon wird das Menü geschlossen.

Funktionstasten

Ebenfalls oben auf der Tastatur sitzen Tasten mit der Bezeichnung [F1], [F2], [F3]. Das sind Funktionstasten, auch F-Tasten genannt. Sie werden unterschiedlich benutzt, abhängig vom Programm.

Sondertasten: Druck, Rollen und Pause

Rechts neben den Funktionstasten befinden sich drei weitere Sondertasten in einer Gruppe: [Druck S-Abf], [Rollen ⇩] und [Pause Untbr]. In Windows-Programmen werden diese drei Tasten kaum benutzt. Allenfalls die [Druck S-Abf]-Taste: Wird sie (je nach Tastatureinstellung) gleichzeitig mit der Shift-Taste ⇧ gedrückt, speichert der Rechner die aktuelle Anzeige des Monitors. Dieses Bild wird vom Englischen abgeleitet auch Screenshot genannt. Sie können es mit jedem Bildbearbeitungsprogramm, aber auch in einem Textprogramm wie „Word" ansehen. So geht's: Drücken Sie auf [Druck S-Abf] + ⇧ , öffnen Sie nun das Textprogramm und fügen Sie den Screenshot durch gleichzeitiges Drücken der Tasten [Strg] + [V] ein. Probieren Sie es aus. Genau diesen Trick werden wir uns später noch oft zunutze machen.

Shift- oder Umschalttaste, Satzzeichen

Kleine Buchstaben werden einfach durch Druck auf die Tasten geschrieben. Für große Buchstaben wird gleichzeitig die Umschalttaste ⇩ gedrückt. Am einfachsten gelingt das, wenn Sie zuerst die Umschalttaste gedrückt halten und dann den gewünschten Buchstaben drücken.

Sollen ganze Wörter oder mehrere mit Großbuchstaben geschrieben werden, können Sie die Feststelltaste ⇩ drücken. Sie stellt die Tastatur fest auf große Buchstaben, Versalien genannt, um. Dann leuchtet eine grüne Kontrolllampe, meist rechts oben auf der Tastatur.

Um zu den kleinen Buchstaben zurückzukehren, muss die Feststelltaste ⇩ einfach erneut gedrückt werden.

Genauso kann der Computer die Zeichen schreiben, die über den Zahlen stehen, zum Beispiel die Satz- oder das Prozentzeichen. Das ist die Zweitbelegung der Zifferntaste [% 5], die ja über der Ziffer 5 auch das Prozent-Symbol % trägt.

Besondere Buchstaben, wie zum Beispiel ein à (a mit Accent grave), lassen sich natürlich auch am Computer schreiben. Dazu wird wiederum die Umschalttaste ⇧ benutzt: Erst die Taste ⇧ und rechts oben die Taste [`] drücken. Dann die Taste [A] und das à erscheint richtig mit dem Akzentzeichen auf dem Bildschirm.

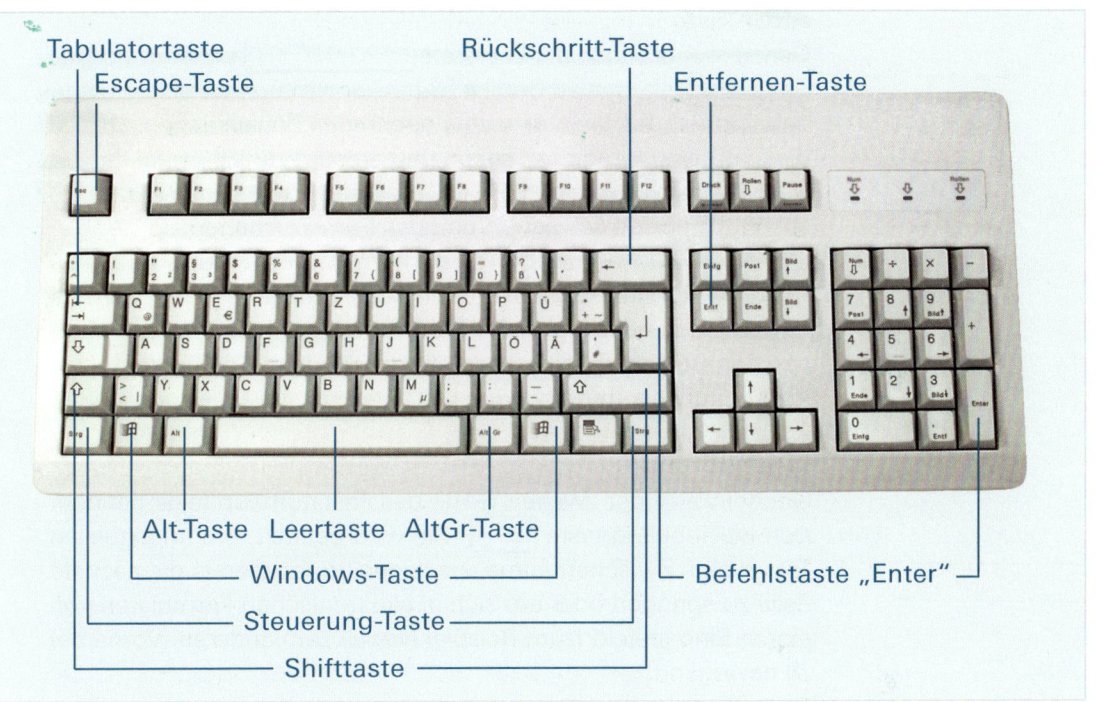

Tabulatortaste · Rückschritt-Taste · Escape-Taste · Entfernen-Taste · Alt-Taste · Leertaste · AltGr-Taste · Windows-Taste · Steuerung-Taste · Shifttaste · Befehlstaste „Enter"

Steuerung- und Alt-Taste

Die Tasten [Strg] (Steuerung) und [Alt] (Alternativ) werden sehr oft benutzt.

Zum Beispiel gelingen Funktionen wie Markieren, Kopieren, Ausschneiden und Einfügen durch Kombination der Tasten [Strg] mit den Tasten [A], [C], [X], [V] auch ohne Computermaus.

Und wenn Sie [Alt] gedrückt halten, wechseln Sie mit jedem Druck auf die Tabulatortaste [↹] der Reihe nach zwischen allen geöffneten Programmen.

Oft können Sie so Menüs des Programms auch ohne Mausklicks öffnen: Druck auf die [Alt] -Taste in Kombination mit einem der in der Menüleiste unterstrichenen Buchstaben.

AltGr-Taste

Genau rechts neben der Leertaste [ ] befindet sich die Taste AltGr (alternative Grafik). Damit kann man die Zeichen eingeben, die auf der Tastatur rechts neben den Zahlen liegen. Das ist die Drittbelegung dieser Tasten und erzeugt zum Beispiel das für Mailadressen unverzichtbare „ät"-Zeichen @, die „hoch 2" und die „hoch 3", eckige Klammern und das Euro-Zeichen €.

Um diese Zeichen auf den Bildschirm zu bekommen, muss die Taste AltGr gedrückt gehalten sein, während die Taste mit dem betreffenden Sonderzeichen getippt wird. Das gilt auch für den sogenannten Backslash, einen nach links liegenden Schrägstrich (wie in der Laufwerksbezeichnung C:\).

Tabulatortaste

Oben links in der zweiten Reihe des Tastaturhauptfelds befindet sich die Tabulatortaste [ ]. Sie wird benutzt, um im aktuellen Text exakte Zwischenräume anzulegen, in Tabellen in die nächste Zelle zu springen oder um sich in elektronischen Formularen von einem Eingabefeld (zum Beispiel Name) zum anderen (Vorname) zu bewegen.

Eingabe-/Befehlstaste/neuer Absatz

Rechts am Tastaturhauptfeld befindet sich die Eingabetaste [ ] (auch Enter- oder Return-Taste genannt). In Windows löst sie Aktionen aus, einen Programmstart beispielsweise. Im Text beendet sie einen Absatz. Verwechseln Sie das nicht mit dem Zeilenwechsel während des Schreibens eines Absatzes, der erfolgt automatisch am Blattrand.

Rückschritt- und Entfernen-Taste

Löschbefehle wirken sich immer auf zuvor Markiertes aus (Dateien, Textblöcke), und falls nichts markiert wurde, mit jedem Klick auf jeweils ein Zeichen links von der Einfügemarke [←] (Rückschritt-Taste) oder rechts davon Entf (Entfernen).

Praktische Tastenkombinationen

Die meisten neueren Tastaturen besitzen außerdem noch zwei Windows-Tasten [⊞] und eine Kontextmenü-Taste [▤] . Beide sind praktisch, denn vor allem beim Textschreiben ist der Griff weg von der Tastatur hin zur Maus lästig. Der Druck auf eine Windows-Taste öffnet das Startmenü und löst im Zusammenspiel mit anderen Tasten weitere Funktionen aus:

- [⊞] + [M μ] : Alle geöffneten Programmfenster werden sofort minimiert.
- [⊞] + [⇧] + [M μ] : Alle minimierten Fenster werden wieder geöffnet.
- [⊞] + [L] : Benutzer wechseln.

Mit der Kontextmenü-Taste [▤] erreicht man dasselbe wie mit der rechten Maustaste. All diese Funktionen können auch mit Mausaktionen ausgeführt werden. Doch das ist oftmals zeitraubend. Tastaturbefehle sind eleganter.

Pfeil- und Navigationstasten

Mit den Pfeiltasten [←], [↑], [↓], [→] lässt sich der Cursor, die Einfügemarke, schrittweise bewegen, ohne dass etwas gelöscht wird. Die Navigationstasten [Pos1], [Ende], [Bild ↑] und [Bild ↓] bewegen den Cursor ebenso, nur in größeren Sprüngen.

Eingaben löschen

Viel leichter als an der Schreibmaschine lassen sich am Computer Tippfehler korrigieren und Texte überarbeiten. Es kann beliebig gelöscht und überschrieben werden.

Beim Korrigieren muss die Einfügemarke zunächst unmittelbar neben dem zu löschenden Zeichen positioniert werden. Das geschieht mit den Pfeiltasten, die den blinkenden Textcursor bewegen, oder mit der Maus: ein Klick mit der linken Maustaste an die gewünschte Stelle. Dann kann gelöscht oder überschrieben werden, ganz nach Belieben. Dafür sind drei weitere Sondertasten zuständig:

- Die Taste `Einfg` regelt, ob eine neue Eingabe den alten Text überschreibt oder als neues Zeichen dazwischen eingefügt wird. Sie wirkt rechts von der Position der Einfügemarke.
- Die Löschtaste `Entf` löscht Text ebenfalls nach rechts von der Einfügemarke, doch nur so lange, wie sie gedrückt bleibt!
- Die Taste `←` wirkt nach links von der Einfügemarke.

Wurde ein Textblock markiert, wirkt sich der Löschbefehl auf die gesamte Markierung aus. Markieren ist einfach: Entweder mit gedrückter Taste `⇧` plus den Pfeiltasten oder mit gedrückter linker Maustaste über die Textstelle ziehen.

Nummerischer Tastaturblock

Isoliert in einer kleinen Tastengruppe ganz rechts auf der Tastatur befindet sich der Nummernblock. Er sieht aus wie die Tastatur eines Taschenrechners und funktioniert auch so. Sollen beispielsweise Zahlen in eine Tabelle eingegeben werden, eignet sich der Nummernblock viel besser als die Tastenreihe oben im Tastaturhauptfeld. Der Nummernblock hat eine eigene Eingabetaste `↵`, die selbst auf deutschen Tastaturen oft englisch mit „Enter" bezeichnet wird.

Keine Panik, sollte die Zifferneingabe einmal nicht funktionieren. Wahrscheinlich ist nur der Nummernblock nicht eingeschaltet. Dies können Sie mit einem Druck auf die Taste `Num` nachholen. Sie schaltet zwischen Zifferneingabe und Navigation um. Alternativ funktioniert der Nummernblock nämlich wie die Pfeil- und Navigationstasten.

Die Maus

Die Maus ist gleich nach der Tastatur das wichtigste Kommunikationsmittel mit dem Rechner. Sicher, so ziemlich alle Aktionen am Computer können auf mehrere Arten ausgelöst werden. Das lässt sich besonders gut am Kopieren, Ausschneiden und Einfügen erläutern, funktioniert aber sehr oft mit beliebigen anderen Objekten und Aktionen. Kopieren vervielfältigt eine Datei (oder einen Textblock); durch das Ausschneiden wird das entsprechende Objekt an seinem Ursprungsort gelöscht, und Einfügen fügt Kopiertes oder Ausgeschnittenes am Zielort ein.

Dazu kann das Menü Bearbeiten oben in Programmfenstern angeklickt werden.

Ebenso öffnet ein Rechtsklick auf den für dieses Beispiel markierten Text ein Kontextmenü. Auch dieses enthält unter anderem die Optionen Kopieren, Ausschneiden und Einfügen.

Tastaturbefehle öffnen den dritten Weg zum gewünschten Ziel: Sie kopieren mit [Strg] + [C], Sie schneiden mit [Strg] + [X] aus, und Sie fügen mit [Strg] + [V] wieder ein.

Wie Sie sehen, sind zwei von drei Wegen, etwas auszulösen, mit der Maus möglich. Sie ist unverzichtbar und kann sehr, sehr viel:

■ Zeigen: Wird die Maus bewegt, bewegt sich der Mauspfeil auf dem Schreibtisch. Er „zeigt" auf etwas.

■ Klicken: Damit ist immer ein Klick mit der linken Maustaste gemeint, womit der Mauspfeil dort (beispielsweise im Text) positioniert wird, wo er gerade hinzeigt. Linkshänder können übrigens über die Systemsteuerung die Funktion der rechten und der linken Maustaste vertauschen und den elektronischen Nager an ihre Bedürfnisse anpassen (Start_Systemsteuerung_Maus). Die Linkshänder unter den Lesern mögen verzeihen, dass Aktionen für die Maus immer für Rechtshänder angegeben werden.

■ Doppelklicken: Damit wird das angeklickte Objekt aktiviert – ist das Objekt ein Programmsymbol, dann wird das Programm geöffnet, ist es eine Datei, wird sie mit dem passenden Programm geöffnet.

■ Ziehen: Das geschieht immer mit gedrückter linker Maustaste und ist für zwei Aktionen wichtig: zum Verschieben von Objekten (ziehen Sie zur Probe ein Programmsymbol auf dem Windows-Schreibtisch an einen anderen Ort und lassen Sie es dort los) und zum Anpassen der Größe von Programmfenstern. Ist ein Programmfenster auf variable Fenstergröße eingestellt, können Sie es an jeder Außenkante sowie an den vier Eckpunkten „anfassen", also mit dem Mauspfeil darauf zeigen und mit gedrückter linker

Maustaste verschieben. So verändern Sie die Größe eines Programmfensters. Dass der Mauspfeil für diese Aktion auf die richtige Stelle zeigt, sehen Sie daran, dass er sein Aussehen in einen Doppelpfeil ändert.

■ **Markieren:** Ziehen Sie die Maus in einem Textprogramm oder auf Internetseiten mit gedrückter Linkstaste über Text, wird dieser markiert.

■ **Rechtsklick:** Damit rufen Sie ein Kontextmenü zu dem Objekt auf, auf das Sie gerade mit dem Mauspfeil zeigen, so wie auf der vorigen Seite erläutert.

■ **Rollen:** So gut wie alle Computermäuse haben zwischen rechter und linker Maustaste ein Rollrad. In den Standardeinstellungen ist es so eingerichtet, dass Sie damit in einem Programmfenster hoch- und runterrollen (scrollen) können. Das ist zum Beispiel bei langen Texten nützlich. Auch hier haben wir wieder mehrere Möglichkeiten: Wir können mit dem Rad der Computermaus rollen, auf eines der kleinen Dreiecke in der Laufleiste am rechten Rand des Programmfensters klicken oder die Positionsmarke auf der Laufleiste ziehen. Dazu kommen noch die Pfeiltasten [←], [↑], [↓], [→] der Tastatur und die Sondertasten [Pos 1], [Ende], [Bild ↑], [Bild ↓].

Notbremsen

Bevor wir uns weiteren Themen widmen, sollten Sie noch erfahren, wie Ihnen der Computer bei Verständnisproblemen helfen kann und wie Sie sogar falsche Tastatureingaben oder überstürzte Mausklicks rückgängig machen können.

Die Hilfefunktion

Windows besitzt eine Hilfefunktion, mit der Sie viele Probleme selbst lösen können. Klicken Sie den Windows-Knopf unten links, dann Hilfe und Support.

Die Hilfe ist ziemlich umfassend, sie verwendet aber oft Schlagwörter, auf die wir zunächst gar nicht kommen. Unser Tipp: Versuchen Sie es mit anderen Suchbegriffen, wenn die erste Anfrage keine passenden Hinweise bringt.

Selbsthilfe ist immer noch die beste Hilfe. Und die ist in jedem Programm erreichbar, aufzurufen mit der Funktionstaste F1 oder durch einen Klick auf das Fragezeichen in den Symbol- und Menüleisten. Hier zum Beispiel das in Word 2010.

Legen Sie doch ein kleines Wie-helfe-ich-mir-selbst-Training ein: Rufen Sie probeweise die Windows-Hilfe auf und geben Sie den Suchbegriff „Tastenkombination" ein. Im Ergebnisfeld auf der linken Seite steht weiter an zweiter Stelle der Link Tastenkombinationen.

Was ist ein Link? Er stellt eine Verbindung dar zu Internetseiten, Bildern, Musik oder zu beliebigen anderen digitalen Inhalten. Erkennbar ist er an der blauen Schriftfarbe und weil er plötzlich unterstrichen ist, wenn Sie den Mauspfeil auf ihn ziehen. Nun wird er durch Anklicken aktiviert und holt die Inhalte auf den Bildschirm, mit denen er verbunden ist.

Nicht immer führt die Logik der Hilfefunktion sofort ans Ziel. Erscheint der ersehnte Link nicht, wie anzunehmen wäre, als erster Treffer ganz oben, hilft herunterscrollen, um an weitere Suchergebnisse zu kommen. Oder Sie geben einen neuen Suchbegriff ein, der vielleicht das gesuchte Thema in der Windows-Sprache besser umsetzt.

In unserem Beispiel finden Sie eine Übersicht über die möglichen Tastenkombinationen. Eine der hilfreichsten davon ist die Funktion „Rückgängig machen". Sehen wir uns diese einmal genauer an.

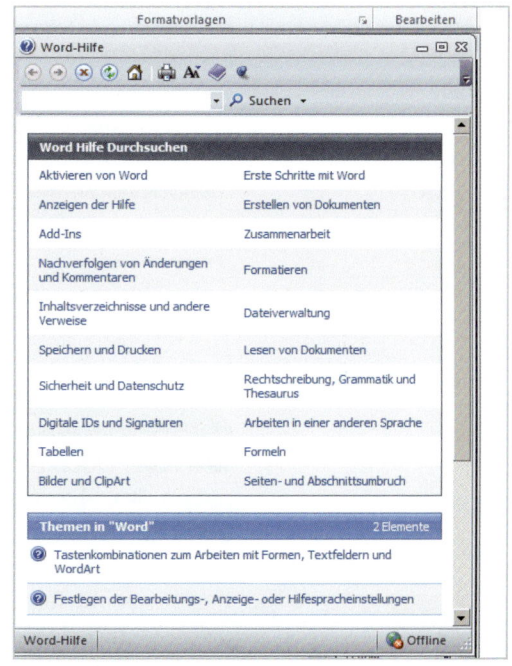

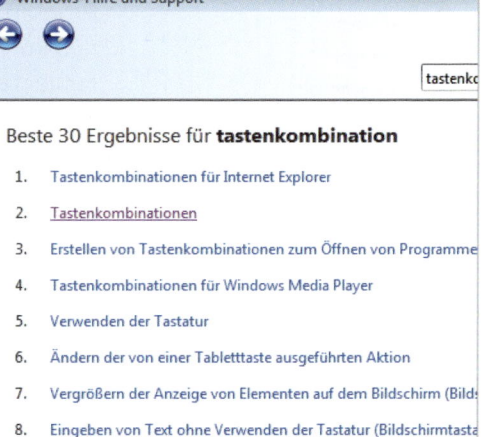

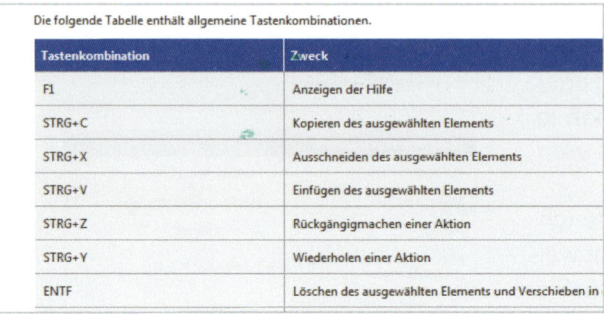

Die folgende Tabelle enthält allgemeine Tastenkombinationen.

Tastenkombination	Zweck
F1	Anzeigen der Hilfe
STRG+C	Kopieren des ausgewählten Elements
STRG+X	Ausschneiden des ausgewählten Elements
STRG+V	Einfügen des ausgewählten Elements
STRG+Z	Rückgängigmachen einer Aktion
STRG+Y	Wiederholen einer Aktion
ENTF	Löschen des ausgewählten Elements und Verschieben in

Rückgängig machen

Fehler geschehen unvermeidlich. In vielen Windows-Programmen können sie jedoch ausgebügelt werden, und zwar mit der Tastenkombination `Strg` + `Z`, die die letzte Aktion rückgängig macht. Beispiel Textprogramm: Sie wischen die Maus auf Ihrem Schreibtisch beiseite und markieren dabei unabsichtlich einen Textblock, weil die linke Maustaste aus Versehen gedrückt war. Der nächste Tastendruck löscht nun den gesamten markierten Text. Oje! Doch bewahren Sie nur die Ruhe. Mit der Tastenkombination `Strg` + `Z` holen Sie den versehentlich gelöschten Textblock zurück.

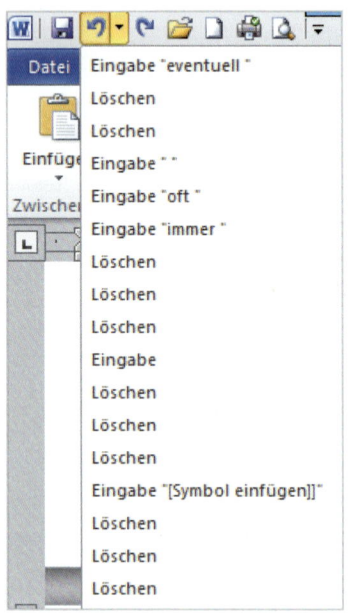

Was aber, wenn Sie nach einem kapitalen Fehler mehr als eine Taste betätigt haben? Betätigen Sie die Tastenkombination einfach mehrmals hintereinander. Nicht nur das Textprogramm Word, sondern auch so manch anderes Programm protokolliert sehr viele Arbeitsschritte. Mit ihnen können Sie 100 oder mehr Schritte zurückgehen und Fehleingaben annullieren. Ein paar Haken hat es jedoch, wenn Programme über mehr als einen Arbeitsschritt zurück Korrekturen zulassen:

Diese Funktion ist nicht immer selektiv. Es kann oft nicht allein der dritte von beispielsweise 87 Arbeitsschritten rückgängig gemacht werden, sondern nur das Dokument auf den Stand vor dem dritten Arbeitsschritt zurückkommen. Korrigieren Sie also sofort, sonst gehen Ihnen eventuell erhaltenswerte Zwischenschritte verloren.

Es gibt noch eine weitere Notbremse: Auch sie ist allerdings nicht ohne Tücken. Und es geht so: Schließen Sie das Textbearbeitungs-, Bildbearbeitungsprogramm oder was auch immer, ohne die Änderungen am Text oder Bild zu speichern (ob Sie speichern wollen, fragt das Programm automatisch). Haben Sie nicht gespeichert, finden Sie das Dokument beim erneuten Öffnen genau mit dem Stand vor dem letzten Speichern vor. Das kann auch schon hilfreich sein. Allerdings gehen dabei alle Arbeitsschritte verloren, die Sie zwischendurch am Dokument ausgeführt haben.

Strg+Alt+Entf

Es gibt noch eine weitere Notbremse, die Sie aber nur in extremen Situationen ziehen sollten. Das ist der Task-Manager. Sie erreichen ihn in Win XP über die Tastenkombinationen `Strg` + `Alt` + `Entf`. Rufen Sie ihn probeweise auf.

Bei Windows XP: Oben sehen Sie fünf Karteireiter – klicken Sie auf Anwendungen.

Die Liste zeigt die gerade geöffneten Fenster, für Ihren Rechner sind das die „Tasks".

Suchen Sie sich einen unverfänglichen Eintrag aus (zum Beispiel einen geöffneten Ordner, aber nie den Arbeitsplatz!), markieren Sie ihn durch Anklicken und klicken Sie auf die Schaltfläche Task beenden.

Bei Windows 7 gibt es diesen Task-Manager in der Form nicht. Drücken Sie dort die Tasten `Strg` + `Alt` + `Entf`, so erscheint ein neuer Bildschirm mit einem Auswahlmenü. Im unteren Bereich steht Task-Manager starten. Klicken Sie auf die Auswahl, ein neues kleines Fenster öffnet sich, in dem sämtliche ausgeführten Programme aufgelistet sind.

Markieren Sie das Programm, welches geschlossen werden soll. Klicken Sie auf Task beenden, und das laufende Programm wird beendet. Diese Funktion hilft für den Fall, dass sich nichts mehr rührt, das Programm also „abgestürzt" und der Bildschirm „eingefroren" ist. Wenn keine andere

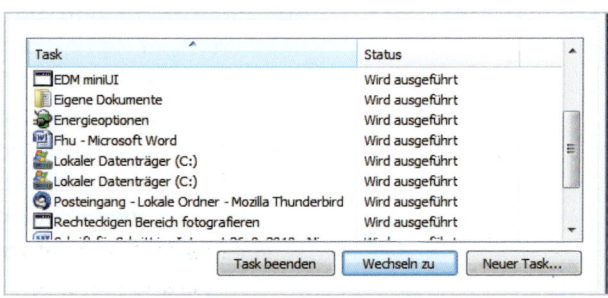

Eingabe mehr hilft, ist der Task-Manager meist noch ansprechbar. Doch bedenken Sie: Beim Not-Aus gehen alle ungespeicherten Daten verloren.

Bei Windows XP ist aus dem Task-Manager heraus auch das Herunterfahren des gesamten Computers möglich.

Sollten Sie Ihren Computer jedoch so verwirrt haben, dass noch nicht einmal der Task-Manager anspringt, hilft nur noch der vier Sekunden lange Druck auf den Ein-/Ausschaltknopf.

Klicken Sie nur zur Information auch die anderen Karteireiter des Task-Managers durch, aber vor allem unter Prozesse bitte nur gucken!

Schließen Sie den Task-Manager durch einen Klick auf das Schließen-Kreuz ganz oben rechts im Fenster.

INFO **Tippen und Wischen: Neue Formen der Bedienung**

Die Einführung der Maus beim Personal Computer war eine Revolution und hat die Computerwelt spürbar verändert. Sie hat zwar noch längst nicht ausgedient, aber die Zukunft liegt beim Bedienen mit den Fingern und in der Gestensteuerung. Die Steuerung läuft über Mousepad oder Touchscreen, über das bzw. den man mit einem, zwei oder drei Fingern streicht, wischt, tippt und dreht sowie durch und Fingerspreizung Dinge vergrößert und verkleinert.

Wer nun meint, mit Touchscreens noch nie in Berührung gekommen zu sein, muss nur an die Fahrkartenautomaten der Bahn AG oder an Geldautomaten denken. Auch dort kommt diese Technik zum Einsatz. Während man dort aber eigentlich nur tippt, sind moderne Kleincomputer schon weiter. Microsoft mit Windows 8 sowie Apple ab OS X Mountain Lion bauen völlig auf das Berühren, weg von der Maus. Und mit der zunehmenden Verbreitung von Tablet-PCs und Smartphones und den immer weniger werdenden Desktop-PCs wird sich wohl langfristig diese Technik durchsetzen. Wie die Gestensteuerung funktioniert, kann man sehr gut in Videos auf einer Seite der Firma Apple sehen: https://ssl.apple.com/de/osx/what-is/gestures.html.

Auch sind heutzutage bereits Steuerungen durch Körperbewegung möglich. Moderne Spielekonsolen übertragen die dreidimensionalen Bewegungen der Nutzer auf das Geschehen im Spiel.

In naher Zukunft soll eine noch präzisere dreidimensionale Steuerung in die ersten Notebooks eingebaut werden. Bei ihr werden Gesten mit der Hand vor dem Bildschirm ausgeführt – und der Rechner weiß dann, was gemeint ist. Auch Smartphones werden bald mit kleinen Gesten gesteuert: ein Blick nach unten zum Beispiel lässt dann die Seite nach unten scrollen.

DAS INTERNET – EIN KLEINER ÜBERBLICK

Das Internet kann man sich wie ein riesiges Netz von Computern vorstellen, die alle miteinander kommunizieren können. Wenn wir vom Internet sprechen, meinen wie meist das Surfen, also das Besuchen bestimmter Seiten (Seite 55, 137), seien es Textseiten, Videos oder auch das Anschauen oder Anhören von Livesendungen im Bereich Radio und TV (Seite 169). Aber zum Internet gehören auch das Verschicken und Empfangen von E-Mails (Seite 173), der Austausch größerer Datenpakete, das Kommunizieren per Videotelefonie (Seite 182) sowie soziale Netzwerke und Foren.

Um ins Internet zu kommen, braucht man Hilfsgeräte (Seite 21). Internetfähig muss der Computer oder das Telefon sein. Aber alles, was neu verkauft wird, ist das sowieso. Fernseher haben oft auch bereits einen Internetanschluss, sogar manche Kühlschränke sind schon mit dem Internet verbunden. Viele Wege führen also nach Rom.

TECHNISCHE AUSSTATTUNG

Ob Desktop-PC, Handy, Smartphone oder Tablet, überall werkelt ein kleiner Computer, der mit dem Internet verbunden werden kann. Ein paar technische Voraussetzungen braucht man aber schon, damit es mit dem Surfen klappt. Gegebenenfalls muss die passende Internetleitung bestellt oder die Internetoption beim Mobilfunkanbieter freigeschaltet werden.

DAS RÜSTZEUG

Ins Internet geht es ganz leicht, (fast) mit jedem Rechner. Älter als zehn Jahre sollte er zwar nicht sein, aber selbst ein „Pentium III" mit 1 Gigahertz Prozessorgeschwindigkeit schafft das locker – und solche Modelle sind heute oft schon über zehn Jahre alt.
Jetzt wird's leider noch etwas technischer. Doch über die folgenden Zusammenhänge sollten Sie informiert sein, damit der Einstieg problemlos klappt. Ein Trost: Das meiste davon werden Sie später – wenn alles funktioniert – nie mehr zur Kenntnis nehmen müssen.

Die Netzwerkkarte Ihres Computers

Um einen aktuellen, schnellen Internetzugang (per DSL) zu ermöglichen, muss Ihr Computer netzwerkfähig sein, also zumindest über eine LAN- oder gar WLAN-Karte verfügen. „LAN" steht für „Local Area Network", beim „WLAN" kommt das „Wireless", also die Funkübertragung, hinzu. Beide Techniken dienten zunächst der schnellen Verbindung zwischen Computern untereinander, hatten erst einmal gar nichts mit dem Internet zu tun. Weil das

ABB. 1

„LAN / WLAN" aber einen so schnellen und praktischen Standard darstellt, wird diese Schnittstelle inzwischen meistens auch für den Internetanschluss genutzt.

Bei modernen Computern gehört zumindest die LAN-Karte zur Grundausstattung, bei Notebooks ist meist auch ein WLAN-Modul eingebaut. Falls Sie ein noch älteres Standgerät besitzen, das Ihnen insgesamt gute Dienste leistet, verzweifeln Sie nicht. Es lässt sich preiswert nachrüsten. Eine simple LAN-Karte kostet oft weniger als zehn Euro, sie ist mit ein paar Handgriffen auf den entsprechenden Steckplatz gesetzt und (ab Windows XP) ohne zusätzliche Treiberinstallation sofort verfügbar. WLAN-Verbindungen lassen sich sogar über kleine USB-Sticks herstellen (Abb. 1).

Das Betriebssystem Ihres Computers ...

... soll uns hier nicht lange aufhalten. Die Mehrzahl der Internetnutzer wird früher oder später auf Windows 7 umschwenken, aber viele sind auch mit ihrem „alten" Windows XP zufrieden, während das Nachfolgesystem Windows Vista nicht an den Erfolg von XP anknüpfen konnte.

Sicherheit

Patentrezepte für Ihre Sicherheit gibt es nicht. Wer sich völlig ungezwungen im Netz bewegt, holt sich leicht „schmutzige Füße", doch wer's mit der Abschottung übertreibt, muss auf bestimmte, durchaus „saubere" Offerten verzichten. Im Grunde genommen ist das ein Abwägungsprozess wie beim Autofahren: Die größte Sicherheit vor Verkehrsunfällen herrscht dann, wenn man das Fahrzeug stehen lässt, die geringste beim bedenkenlosen Rasen. Suchen wir also den gesunden Mittelweg – mit der Tendenz zur Vorsicht.

Deshalb sind Zusatzprogramme sinnvoll, einige von ihnen gibt es für Privatanwender im Netz sogar gratis zum Herunterladen. In Vergleichstests schneiden sie gar nicht schlecht ab. Sehr weit verbreitet sind AntiVir (wie der Name schon sagt: ein Virenschutzprogramm, Abb. 2) und Firewalls wie Codomo und Zone-Alarm (siehe Seite 128). Windows 7 und 8 bringen bereits eine „eingebaute" Firewall mit. Ob die ausreicht, erfahren Sie auf Seite 118.

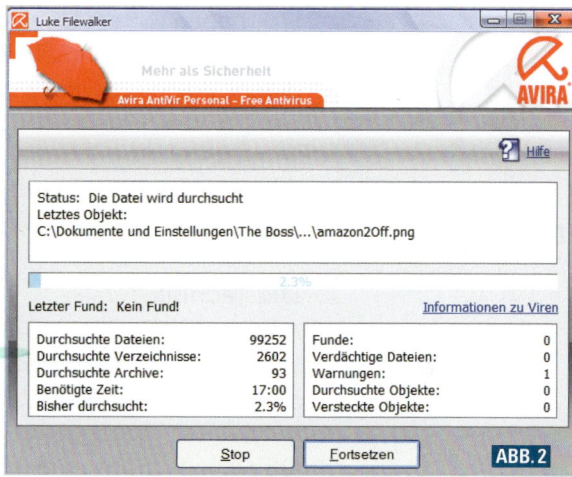

Und vor dem „Ausschnüffeln" Ihres Rechners durch versehentlich geladene oder bösartig untergeschobene Trojaner sollen Programme wie Ad-Aware und Spybot helfen. Auch sie gibt es für den nicht gewerblichen Bereich unentgeltlich im Netz sowie auf den CDs der Fachzeitschriften.

Smartphones erleichtern das mobile Surfen, bergen aber ebenfalls Risiken, was das Einfangen von Schädlingen betrifft, wenn man mal so einfach unterwegs sich „irgendwo" einloggt.

Der Weg ins Internet

Vor den ersten Netzklicks gilt es, wichtige Entscheidungen zu treffen. Sie sollen ja anschließend „unbegrenzten" Spaß daran haben und jederzeit ohne Ausfälle surfen können. Eine hundertprozentige Garantie dafür, stets vor Störungen gefeit zu sein, gibt es natürlich nicht. Und da der Einsteiger nicht alles im Blick haben kann, sind ein paar grundlegende Überlegungen vonnöten.

Sind Sie überhaupt anschlussbereit?

Befindet sich in Ihrer Wohnung überhaupt eine Telefondose mit Stecker (TAE-Steckdose)? In Neubauten gehören sie seit gut 20 Jahren zum Standard (Abb. 3). In noch nicht modernisierten Altbauten hingegen findet sich vielfach nur ein Übergabekästchen, aus dem das Kabel fürs Schnurtelefon herauskommt. Ist dies der

ABB.3

Fall, haben Sie ein kleines Problem. Sie müssen an der betreffenden Wand erst einmal eine TAE-Dose installieren (lassen). Denn die im Folgenden beschriebenen Geräte (an der Übergabestelle: der „Splitter") besitzen alle einen Stecker, der diese Datensteckdose benötigt. Ein grundlegendes Hindernis besteht dadurch nicht, aber stellen Sie sich den Ärger vor, wenn Sie dieses Detail erst ganz zum Schluss bemerken ...

Die Technik

Analog, ISDN, DSL, VDSL – eigentlich ist das heute keine komplizierte Entscheidung mehr. Das piepsende Analogmodem mit seinen maximal 56 Kilobit Übertragungsrate pro Sekunde sollte man getrost der Vergangenheit überlassen.

DSL (Digital Subscriber Line) oder VDSL (Very High Speed Digital Subscriber Line) sind die Kürzel der Wahl, denn diese Breitbandtechnik bietet einen wirklich schnellen Zugang ins Internet. Während DSL-Verbindungen eine Übertragungsrate von bis 16 Mbit/s bietet, ist die VDSL-Technik nochmals deutlich schneller und bietet Übertragungsraten bis zu 50 Mbit/s (oder als VDSL-2 sogar bis zu 100 Mbit/s). Allerdings ist VDSL noch nicht überall verfügbar.

Sollten Sie mit dem heute möglichen Parallelbetrieb jedoch nicht auskommen, da Sie über mehrere Leitungen telefonisch erreichbar sein müssen, bleibt der Griff zum ISDN (Integrated Services Digital Network). Hierbei lassen sich mehrere Telefone plus DSL-Internetcomputer gleichzeitig nutzen. Beim ISDN-Anschluss vergrößert sich der Gerätepark freilich um den Endgeräteverteiler, die so genannte NTBA (Network Termination Basisanschluss). Viele moderne Router sind heute auch für VoIP (Internettelefonie) auslegt, dort wird dann das Telefon angestöpselt und äußerlich ist gar nicht zu merken, dass man nun über das Internet telefoniert.

UMTS und LTE stehen für das breitbandige Mobilfunknetz mit schnellen Datenströmen. UMTS heißt „Universal Mobile Telecommunications System", LTE steht für „Long Term Evolution". Es soll eine bessere Abdeckung und schnellere Datenraten ermöglichen (bis zu 100 Mbit/s) . Es ist die vierte Generation des Mobilfunkstan-

ABB. 4

dards, weshalb Sie beim UMTS-Netz oft im Handy die Ziffern „3G" sehen werden: UMTS gilt als die dritte Generation.

Aber gehen wir die Techniken der Vollständigkeit halber systematisch durch:

■ **Variante 1: Das Analogmodem.** Es wird an den normalen Telefonanschluss gesteckt und wandelt beim Senden die Bits und Bytes aus dem PC in elektrische Schwingungen um (Abb. 4). Beim Empfang setzt es die analogen Signale wieder in digitale um. Früher war es in fast allen Rechnern serienmäßig eingebaut, inzwischen findet man Analogmodems kaum noch. Sollten Sie auf das Analogmodem angewiesen sein, weil es in Ihrem Gebiet noch kein DSL gibt (siehe Anbieterwahl, Seite 27), Ihr Rechner aber gar kein Modem mehr besitzt, stellt das kein großes Hindernis dar. Im Fachhandel gibt es für etwa 20 Euro Geräte, die an eine freie USB-Buchse angeschlossen werden können. Bedenken Sie aber, dass das Gerät sehr langsam arbeitet: Der Seitenaufbau dauert bereits sehr lange, Videos können schon gar nicht abgespielt werden. Ein Update des Betriebssystems kann mehr als einen Tag dauern. Zudem blockiert es den Telefonanschluss – es sollte daher wirklich nur eine Notlösung darstellen.

■ **Variante 2:** Manche Telefonanschlüsse funktionieren bereits durchweg bis zum Telefonkunden digital, das nennt sich ISDN. Digitale Telefonanschlüsse sind jedoch eine europäische Spezialität und im Privatkundenbereich eher die Ausnahme. PC-Technik und Betriebssystemsoftware sind aber amerikanisch dominiert – wo ISDN unbekannt ist. Welche Technik Sie dafür benötigen, klären Sie am besten im Gespräch mit Ihrem künftigen Anbieter – die meisten senden ihren Neukunden die passende Gerätekombination gegen Aufpreis zu. Sie können sich die Teile auch im Fachhandel beschaffen und selbst installieren – die entsprechende Fachkenntnis vorausgesetzt.

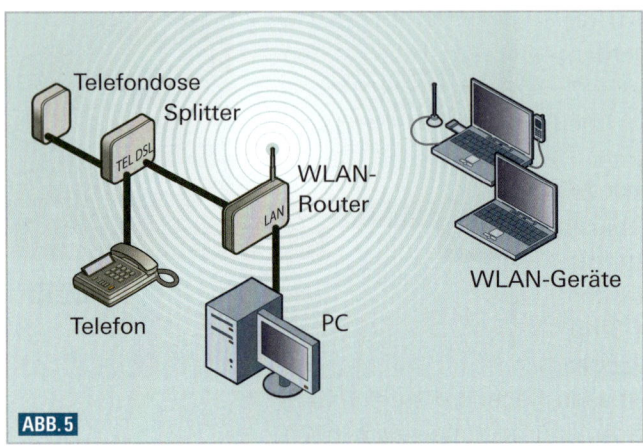

Telefondose
Splitter
TEL DSL
WLAN-
Router
LAN
WLAN-Geräte
Telefon
PC
ABB. 5

■ Variante 3: Ein Breitbandanschluss, also DSL, VDSL oder ein Internetzugang per Kabelfernsehanschluss, ist die beste Option: Hier gibt es eine hohe Datenübertragungsrate zu günstigen Tarifen (siehe Anbieterwahl, Seite 27). Auch WLAN ist so möglich (Abb. 5). Statt mit der Telefondose verbinden Sie Ihren Rechner in diesem Fall per Netzwerkkabel mit der Übergabestation (DSL-Modem oder dem sogenannten Router, siehe Zusatzgeräte, Seite 32). Dass Sie dafür eine Netzwerkkarte im Computer benötigen, haben wir bereits erwähnt (Seite 21), bei aktuellen Geräten gehört sie zum Standard.

DSL- und VDSL-Anschlüsse werden meistens mit einem Pauschalvertrag (= Flatrate) verkauft: Man zahlt eine einheitliche monatliche Summe, egal, wie oft man im Internet unterwegs ist.

■ Variante 4: Mobilfunk ist da eine Option, wo ein DSL-Anschluss nicht zur Verfügung steht, oder für Menschen, die oft „von unterwegs" ins Internet wollen oder müssen. Für das Surfen per Mobilfunk werden spezielle Geräte benötigt, die man in den Computer einsteckt. Meist handelt es sich dabei um USB-Sticks – oder man surft direkt mit seinem Smartphone. Auch von der Datenübertragungsgeschwindigkeit ist UMTS (3G) mit bis zu 7,2 Mbit/s mit DSL vergleichbar. Mit LTE wird es noch rasanter (bis zu 100 Mbit/s). Theoretisch zumindest, denn je mehr Benutzer sich eine Funkzelle teilen, desto langsamer wird die Datenübertragung. Bevor man sich lange bindet, sollte man daher das Netz an seinem Standort prüfen. Zudem ist die Versorgung sehr unterschiedlich, in der Stadt etwa deutlich besser als auf dem Land. Es gibt spezielle Paketangebote, bei denen man auch seine Festnetznummer behält. Auch wenn die Preise für den mobilen Internetzugang in den

3G
Einstellungen
Flugmodus
WLAN   Nicht verbunden
Bluetooth   Ein
Persönlicher Hotspot   Aus
Mobile Daten
Netzbetreiber   de

vergangenen Jahren deutlich zurückgegangen sind, hat der Mo-
bilfunkzugang weiterhin Nachteile: beispielsweise die Beschrän-
kung des monatlichen Datenvolumens (obwohl die Verträge gerne
als Pauschaltarife als sogenannte „Flatrates" verkauft werden).
Nur wer keine großen Downloads ausführt und sich nicht ständig
Videos anschaut, kommt mit so einem Datenpaket aus.

■ Variante 5: Der Internetzugang mittels Satellit ist noch nicht so
weit verbreitet und mit dem weiteren Ausbau des LTE-Netzes gerät diese Variante noch weiter in den Hintergrund. Das liegt nicht
nur an den meist höheren Kosten, sondern daran, dass eine umfangreiche technische Ausrüstung wie eine Satellitenschüssel an-
geschafft werden muss. Allerdings gibt es auch Anbieter, die bei
entsprechender Vertragsbindung das gesamte Hardwarepaket zur
Verfügung stellen, mit Flatrate für Internet und Telefon. Einen frei-
en Empfang zum Satelliten braucht man trotzdem. Einige Anbieter
setzen dabei zudem eine Telefonleitung voraus, sodass die Daten
über die Telefonleitung verschickt werden, und der Satellit „nur"
für das Herunterladen von Daten dient. Achten Sie deshalb darauf,
dass der Rückkanal nicht per Modem erfolgt. Die Preise für Komplettpakete sind in den vergangenen Jahren deutlich gesunken,
sodass sie mit "normalen" Anschlüssen konkurrieren können.

Welcher Anbieter?

Womöglich ist keine Frage so schwer zu beantworten wie diese.
Traditionalisten bleiben bei der Telekom (präziser fürs Internet: bei
T-Online), obwohl sie einer der teureren Anbieter, genannt Provider, ist. Es gibt Menschen, die das in Kauf nehmen, weil sie sich
hier die größte Zuverlässigkeit erhoffen und auch lieber nur einen
Anbieter für Telefon und Internet haben möchten.
Preisbewusstere Internetnutzer wählen vielleicht Konkurrenzun-
ternehmen der Telekom. Möglich ist fast jede Kombination, von
der Flatrate für das Telefonieren in alle deutschen Festnetze und
das Surfen im Internet bis hin zu getrennten Rechnungen, Zeit-
oder Volumentarifen. Aber auch wer nur durchschnittlich viel telefoniert und/oder surft, ist mit einer Flatrate gut bedient. Interessant

Kabel Deutschland

vodafone

Das ist die Wahrheit.

für Kabelkunden ist ein Gesamtpaket, insbesondere, wenn man als Mieter sowieso monatlich über die Miete eine Kabelgebühr entrichtet und diesen Vertrag nicht separat kündigen kann.

Der zweite für Sie vielleicht wichtige Punkt betrifft die Länge der Vertragsbindung. Viele Anbieter schließen nur Zweijahresverträge ab (auch wenn sich dort durch eine neue Gesetzgebung vielleicht etwas verändert). Das wird dann misslich, sobald die Flatrate-Gebühren gesenkt werden. Denn dieser Vorteil kommt nur Neuzugängen zugute, die Stammkunden bleiben erfahrungsgemäß auf dem früheren, höheren Tarifniveau. Doch es gibt auch Provider, die deutlich kürzere Kündigungsfristen haben. Bei ihnen profitiert man von Preissenkungen schneller. Genaueres steht im Kleingedruckten des Angebots. Einen zu hohen Stellenwert sollte die Vertragslaufzeit bei der Auswahl des Anbieters allerdings nicht einnehmen. So ist die Zeit der wirklich großen Tarifsenkungen vorbei. Und die Zufriedenheit mit dem Provider? Nun, bei jedem dieser Unternehmen finden sich gleichermaßen glückliche und verärgerte Kunden. Schließlich sind die Problemstellungen weit gefächert. Sie reichen von Irrtümern in der Unternehmensverwaltung bei der erstmaligen Umstellung des Kunden bis hin zu Schwierigkeiten, für die Klärung einer technischen Frage den Service zu erreichen. Hierzu vielleicht nur eine Faustregel: Je günstiger der Tarif ist, desto weniger Hilfe darf man gratis erwarten.

Die Zuverlässigkeit der Technik ist bei allen Anbietern weitgehend gewährleistet, sie hängt ohnehin viel eher von der örtlichen Versorgungssituation ab – pauschale Aussagen über bestimmte Anbieter lassen sich daher schwer treffen. In (Groß-)Städten ist der Ausbau der Kabelnetze fast ausnahmslos abgeschlossen, da dürfte es vorerst keine erheblichen Engpässe geben.

Wer auf dem Lande wohnt, hat es damit nicht immer so leicht. Zu den Dingen, die vorab geklärt werden müssen, gehört daher unbedingt die Frage, ob ein DSL-Anschluss bei Ihnen überhaupt möglich ist und welche Übertragungsraten angeboten werden. Auf den Internetseiten der Provider gibt es entsprechende Informationstafeln. Doch da Sie ja noch gar keinen Internetzugang besitzen, müssen Sie die Läden der Anbieter aufsuchen. Vielleicht hilft Ihnen aber auch ein Nachbar oder Freund mit seinem Netzzugang bei der Recherche. Im Internet gibt es Internetvergleichsdienste, die zum Einstieg einen guten Preisüberblick bieten.

Wie wichtig ist das Tempo?

Mit einigem Anspruch auf Allgemeingültigkeit lässt sich sagen, dass die monatliche Gebühr von der zugesicherten Schnelligkeit der Datenübertragung abhängt. Aber welches Tempo braucht man eigentlich, wenn man ohnehin eine Flatrate gebucht hat und sich die eine oder andere Sekunde mehr im Netz ohnehin nicht auf der Rechnung niederschlägt? Wer nur seinen Virenscanner aktualisiert, also weder Musik, noch Pro-

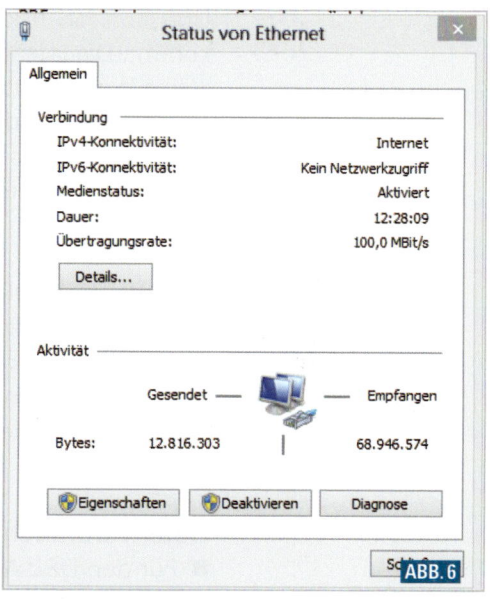

gramme oder Filme aus dem Netz lädt, kommt mit zwei Megabit pro Sekunde beim Download prima aus. Ob dann die elektronische Zeitungsseite in einer Zehntelsekunde geöffnet ist oder in zwei – was macht das schon? Trotzdem muss man bedenken, dass Webseitenbetreiber immer größere Datenmengen in ihre Seiten einbinden und deshalb ständig das notwendige Datenvolumen steigt. Die Einbindung von Videos ist so ein Beispiel.

Doch das ist nur die halbe Wahrheit. Geht es nämlich um den „Upload", also um das Versenden größerer E-Mails (zum Beispiel mit Fotos im Anhang), zeigen sich erhebliche Unterschiede. So ist das Upload-Tempo bei den üblichen Anschlüssen für Normalverbraucher stets weit langsamer als das des Downloads. Der private Surfer holt sich ja tatsächlich viel häufiger Informationen ins Haus, als dass er selbst große Datenmengen versendet. Firmen mit großem „Ausgangskorb" hingegen achten vor allem auf einen schnellen Versand ihrer Informationen. Beim Versand gibt es spürbare Differenzen.

Und nun ein Faktum, das in der Welt der Prospekte nicht vorkommt: Die tatsächliche Geschwindigkeit der Übertragung hängt sehr oft gar nicht von der maximal möglichen Übertragungsrate ab, sondern von der Situation im Netz und der aktuellen Belastung des „Gegenübers", also der Server, von denen Sie Daten geschickt bekommen. Die eigentlichen Bremsen lauern also meist ganz woanders.

Flatrate nicht gleich Flatrate?

Wer eine Datenflatrate bestellt hat, denkt vielleicht, er könne so viel surfen, wie er möchte. Bei einigen Verträgen und Anbietern ist das auch so. Allerdings wird es manchen Firmen zu viel, sodass sie die Angebote wieder einschränken (wie die Telekom bei Neuverträgen).

Datenverbrauch feststellen – so funktioniert's

■ **Für den DSL-Anschluss:** Im Idealfall ist im Menü Ihres Routers ein Online-Zähler oder Online-Monitor (oder ähnliches) eingebaut. Für Router der Marke Fritz! Box gibt es im Internet ein kleines Hilfsprogramm (Gadget). Fritz! Box Traffic heißt es und ist kostenlos. Für andere Router empfiehlt sich ein kleines Programm für den

---

INFO **Was verbraucht wie viel?**

■ **Videostreaming:** je nach Qualität zwischen 1 und 2 GB pro Stunde
■ **Audiostreaming, also Radio übers Internet hören:** Eine Stunde mit 128 kbit/s etwa 56 MB.
■ **Herunter- oder Hochladen einer CD:** 700 MB; einer DVD über 4 GB
■ **Onlinespiele:** mehr als 20 MB pro Stunde
■ **Startseite einer Tageszeitung:** rund 2 MB, jede weitere Seite unterschiedlich
■ **Bei Facebook surfen:** etwa 1,5 MB pro Seite

Rechner: NetWorx oder NetSpeed Monitor zum Beispiel. Doch Vorsicht, wenn an Ihrem Anschluss auch noch ein Smartphone, ein internetfähiger Fernseher oder ein Internetradio hängen, wird dieses Datenvolumen nicht vom PC aus erfasst.

■ **Für das Android Smartphone:** Gehen Sie auf Datennutzung oder Datenverbrauch. Es lässt sich auch ein Datenlimit mit einer Warnung festlegen (ab Android 4). Alternativ geht es auch mit der App Traffic Monitor, die Sie im Google Play Store bekommen.

■ **Für iPhone & iPad:** Hier brauchen Sie die App Traffic-Monitor, die Sie kostenlos im App Store bekommen. Nach der Installation können Sie nach einem Tipp auf Daten den Verbrauch sehen.

■ **Für das Windows Phone:** Einige Smartphones haben bereits einen Datenzähler eingebaut (z. B. das Nokia Lumia 925), bei anderen funktioniert ebenfalls die App Traffic Monitor.

Anschluss so schnell wie versprochen?

Im Kleingedruckten steht oft „bis zu" und dann folgt die große Zahl an Bandbreite, mit der geworben wird. Diese versprechen viele Anbieter – nicht alle können sie einhalten. Im Internet können Sie einen Test durchführen, wie schnell Ihre Leitung ist: www.speed meter.de, www.speedtest.net oder www.dsl-speed-messung.de. Doch nicht immer ist der Provider schuld. Manchmal liegt es auch an den Kabeln in der Wohnung. Sie sollten möglichst die erste Dose im Hause für den DSL-Anschluss nutzen. Je länger das Kabel, desto mehr Leistung kann verloren gehen. Und manchmal sind auch niederwertige (also viel zu dünne) Kabel verlegt worden. Auch die bremsen das Tempo aus.

Wie sicher soll's sein?

Das Thema Sicherheit (Seite 113) rechtzeitig zu überdenken, kann bereits zum Zeitpunkt des Vertragsabschlusses wichtig werden. Bei einigen Providern können Sie nämlich Abonnements kompletter Schutzpakete ordern, die Ihren Rechner sauber halten sollen (sie entsprechen jenen, die Sie später im Internet herunterladen oder im Handel auf CD/DVD erstehen können). Womöglich werden Sie bei der Vertragserstellung danach gefragt, ob Sie diese Unterstützung gleich mit buchen möchten.

Und genau an diesem Punkt beginnt ein Dilemma. Komplettpakete sind praktisch, aber meist teurer als sich selber darum zu kümmern. Ob Sie (als Windows-Nutzer) auf die eingebauten Abwehrmaßnahmen vertrauen oder lieber nachrüsten, ist eine Frage des eigenen Sicherheitsbedürfnisses. Eine pauschale Lösung kann es nicht geben. Es ist auch eine Frage, wie viele Rechner geschützt werden sollen. Manch einer benutzt auch zwei Rechner, einen, auf dem sich die sensiblen, persönlichen Daten befinden, und einen Rechner (vielleicht auch der für Videoschnitt und Bildbearbeitung zu langsam gewordene Altrechner), mit dem man sich nur im Internet rumtreibt. Sollte der befallen werden, sind nicht alle Daten gefährdet oder weg, sondern vielleicht nur das E-Mail-Postfach (welches man natürlich regelmäßig extern gesichert hat).

Deshalb ganz klar: Eine 100-prozentige Sicherheit wird es nicht geben. Man kann und sollte sich schützen, und auch für den Fall vorbeugen, dass der Rechner von außen lahmgelegt, infiziert wird oder Daten gelöscht wurden.

Wie immer gilt: Backups anfertigen, also Daten mehrfach und an verschiedenen Orten sichern. Diese Rückversicherungen können einem viel Ärger ersparen. Ein Backup sollten Sie auf einer externen Festplatte in der Nähe des Arbeitsplatzes (also zu Hause oder im Büro) sichern und wenn dort mal eingebrochen werden sollte, eine Überschwemmung war oder das Haus abgebrannt ist, eine weitere Kopie außerhalb zum Beispiel bei Freunden oder Verwandten deponieren. Alternativ kann man die Daten auch in eine Cloud auslagern.

Welche Zusatzgeräte benötigen Sie?

Achten Sie unbedingt darauf, dass Sie die richtige Hardware mitbestellen. Das sollte ein **LAN-** oder **WLAN-Router** sein, und nur im Notfall ein reines DSL-Modem (Falls Sie doch mit einem DSL-Modem online gehen, erläutern wir später kurz auch diese Möglichkeit). Wer heute ein Neupaket bestellt, bekommt einen WLAN-

ABB. 7

Router meist so oder so dazu (Abb. 7). Der WLAN-Router lässt Ihnen zusätzlich die
Freiheit, auch später noch
zu entscheiden, ob Sie per
Kabel oder per Funk im Internet surfen möchten. Er
ist fast schon ein eigen-
ständiger kleiner Compu-
ter, eine Verbindungszen-
trale („Switch"), die einen
Netzknoten schaltet.

Die einfacheren Geräte besitzen nur einen LAN-Anschluss, der Ihrem (einen) Computer per Netzwerkkabel den Weg ins Internet
bahnt. Das mag für Sie ausreichen, denn Sie können weitere Rechner (etwa ein Notebook) per Funk (WLAN) einbinden. Die besseren Router besitzen vier Anschlüsse, an die ebenso viele Rechner
oder auch netzwerkfähige Geräte wie etwa Drucker und spezielle
Festplatten gesteckt werden können. Mit einem solchen Gerät halten Sie sich für später mehr Optionen offen.

Der Hauptvorteil von Routern generell: Sie verfügen über eine eingebaute Firewall, das erhöht die Sicherheit beim Surfen (Seite
128). Damit ist der Router so etwas wie ein Torwächter – denn nur
er besitzt den direkten Kontakt zum Internet. Diese Firewall schützt
zwar nicht vor allen Angriffen von außen, sie macht es einem po-
tenziellen Aggressor aber viel schwerer, Zugang zu Ihrem Computer zu bekommen.

Eine weitere Alternative ist ein Stromleitungsnetzwerk. Dabei
wird die Stromleitung als Netzwerkkabel genutzt. Spezielle Geräte
werden dafür in die normale Steckdose gesteckt, an sie wird das
Netzwerkkabel angeschlossen. Dabei sind Übertragungsraten von
bis zu 500 Mbit/s möglich.

DSL-ANSCHLUSS: INTERNET FÜR ZU HAUSE

Nachdem Sie sich um die „Hardware", die technischen Geräte, gekümmert haben, müssen Sie sie nun noch anschließen und konfigurieren. Wer kabellos ins Internet will, muss zusätzlich die Optionen für das Funknetzwerk WLAN einrichten.

Schutzprogramme beschaffen

Bevor man seinen Computer mit dem Internet verbindet, sollte man sich einige Gedanken zur Sicherheit machen. Egal, ob bei dem stationären oder mobilen Rechner mit Windows 7 oder 8, oder beim Smartphone: Die Viren warten überall und stürzen sich gerne auf ungeschützte Rechner wie Mücken aufs Licht.

Besitzer von Rechnern mit Windows 7 und 8 sind erst einmal ausreichend geschützt (die Betonung liegt auf „erst"), auch Besitzer von Apple-Produkten, also iPhone-, iPad- und iMac-Benutzer brauchen sich über Virenattacken (noch) keine Gedanken machen.

Antivirenprogramme findet man regelmäßig in Sondereditionen

ABB. 8

kostenlos auf CDs oder DVDs, die Computerzeitschriften (etwa PC-Welt, Computerbild etc.) beigelegt sind. Die dortige Version des Virenschutzes enthält natürlich noch nicht die tagesaktuelle Datei der Schädlingssignaturen (die sollten Sie möglichst bald nach dem ersten Zugang ins Netz herunterladen). Es gibt Antivirenprogramme und Firewalls als jeweils einzelne Programme oder auch als Programmpakete. Diese Pakete, oft Internet Security genannt , kosten meist etwyas (zum Beispiel eine Jahresgebühr für einen oder mehrere Rechner).

Die Umstellung auf DSL

Nach dem Vertragsabschluss haben Sie (je nach Anbieter) ein oder zwei Pakete zugesandt bekommen. Jetzt ist der Ihnen angekündigte Tag der Umstellung auf DSL da. Das geht je nach Anbieter unterschiedlich leicht, lässt sich allerdings mithilfe der Anleitungen, die dem Router beiliegen, in ein bis zwei Stunden komplett (inklusive der Einrichtung des E-Mail-Fachs) erledigen. Falls Sie bereits einen Router haben und überlegen, auf den Router des Anbieters zu verzichten, erkundigen Sie sich, ob der Router mit der Technik des Anbieters zusammenarbeitet.

Sie brauchen einen neuen Router? Schauen Sie doch mal auf Seiten wie von Ebay, dort werden unzählige neue Geräte aus Vertragsverlängerungen oder Neuabschlüsse für sehr viel weniger Geld als im Handel angeboten.

INFO **Telefon tot bei Umstellung auf DSL?**

Die Telekom besitzt die Telefonkabel bis in die Häuser hinein. Sie setzt ihr eigenes DSL-Signal auf die quasianaloge Leitung drauf. Der Kunde braucht die Freischaltung des T-DSL gar nicht zu bemerken, sein analoges Telefon arbeitet weiter wie gewohnt (Router-Anschluss ab Seite 37).

Andere Anbieter müssen die letzten Meter Leitung zum neuen Kunden bei der Telekom mieten. Hat der Drittanbieter Ihnen DSL und Telefon zugesagt, wird gleich beides digitalisiert (Stichwort: DSL-Telefonie). Das analoge Telefon funktioniert an seiner gewohnten Steckbuchse nicht mehr, dort wird eine vom Provider zugesandte Elektronikbox eingestöpselt. Sie übernimmt die „Übersetzung" fürs analoge Telefon und die Schaltung für den Computer. Damit das Telefon stets betriebsbereit bleibt, muss diese Box permanent mit Strom versorgt werden.

Da Sie von Ihrem Provider ausführliche, spezifische Installationsanweisungen erhalten, welche Kabel mit welchen Geräten zu verbinden sind, werden wir den Anschluss hier nur kurz schildern.

Unterschiede zwischen den Anbietern bestehen in der mitgelieferten Technik sowie in den Programmmasken, die Sie zur erstmaligen Kontaktaufnahme mit Ihren persönlichen Daten ausfüllen müssen. Und da sich die Elektronik permanent weiterentwickelt, könnten präzise Angaben, die Sie hier vorfänden, morgen schon längst überholt sein.

Aber so kompliziert sind der Anschluss des Computers und das Einrichten des Zugangs nun wirklich nicht. Sie benötigen dazu noch nicht einmal die (meist) auf CD-ROM beiliegenden Installationsprogramme, im Gegenteil: Wer sich ein bisschen besser damit auskennt, verzichtet darauf lieber. Denn manche dieser Programme greifen tief in das Betriebssystem Ihres Computers ein und können andere Software sogar stören.

Wenn Sie mit Technik normalerweise klarkommen, sollten Sie's daher getrost selbst einmal versuchen. Falls Sie dabei unsicher werden, ob Sie's tatsächlich schaffen, rufen Sie die Hotline an, bestellen Sie sich einen Fachmann oder lassen Sie sich von einem sachkundigen Freund helfen.

ABB. 9

Anschluss gesucht

Probieren wir's zum Beispiel mal mit einer Kabelverbindung (LAN) und der Telekom / T-Online. Wir unterstellen dabei, dass Sie bislang ein herkömmlicher Telefonkunde der Telekom sind, also einen analogen Telefonanschluss und -apparat an einer gewöhnlichen TAE-Dose besitzen, also keine ISDN-Anlage. Aber auch deren Anschluss wird in den Anleitungen der Provider einfach genug beschrieben.

Auspacken und kontrollieren!

Sie haben vermutlich zwei Päckchen erhalten. In einem befindet sich der „Splitter". Dieses Gerät hat die Aufgabe, die eingehenden Datenströme zu sortieren. Die einen werden von dieser Art Weiche letztlich zum Telefon gelenkt, die anderen zum Router und dann in Richtung Computer.

INFO Telekom: Telefon direkt am Splitter einstecken

Den Ihnen von der Telekom zugesandten Anweisungen für die Verkabelung zufolge sollen Sie den Stecker Ihres Telefons in eine entsprechend gekennzeichnete Buchse am Router stecken. Diesen wiederum sollen Sie mit einem weiteren Kabel (bisweilen grün gekennzeichnet) mit dem Telefonanschluss am Splitter verbinden. Das ist in den meisten Fällen schlicht überflüssig: Gehen Sie mit dem Telefonstecker direkt in den Splitter.

Solange Sie alles miteinander verbinden, lassen Sie den Computer bitte ausgeschaltet. Beachten Sie die Farbmarkierung der Netzkabel: Die graue Leitung wird zwischen den Splitter und den Router gesteckt, das gelbe Kabel führt vom Router zum Computer. Die unterschiedlichen Farben dienen dazu, Fehler beim Verdrahten zu verhindern.

Blättern Sie nun in der Bedienungsanleitung des Routers – lesen Sie zumindest die Kurzanleitung (falls vorhanden) gründlich. Hierin finden Sie Informationen darüber,

■ ob das Gerät eine Taste zum Abschalten des WLANs besitzt. Andernfalls kann der Funk nur später per Router-Software deaktiviert werden.

■ welche LED-Anzeigen leuchten müssen, welche nicht (WLAN). Mithilfe dieser Lämpchen zeigt der Router auch an, wann er betriebsbereit ist. Da er ja ein eigener kleiner Computer ist, muss er sich nach dem Anschalten erst ein paar Sekunden lang orientieren und installieren („booten"). So lange blinken ganz bestimmte Leuchtdioden.

Das zweite Päckchen enthält den Router, ein Steckernetzteil dafür, die Anschlusskabel und die Anleitungen sowie eine Programm-CD, die wir im Fortgang hier gar nicht einsetzen werden.

Lesen bildet!

Auch wenn Sie später ein Funknetzwerk (WLAN) einrichten möchten, beginnen Sie zunächst mit einem drahtgebundenen Anschluss an den Router, denn Sie müssen ihn erst (auch für den späteren Funkverkehr) konfigurieren.

Verkabeln Sie gemäß den Anleitungen Ihres DSL-Anbieters den Splitter, das Festnetztelefon, den LAN- oder WLAN-Router und den LAN-Anschluss Ihres PCs oder Notebooks.

Alle Lichter an!

Legen Sie nun alle zugesandten Unterlagen bereit, am besten auch etwas Notizpapier, um die ersten Schritte zu protokollieren.

Installation des Routers – die Vorbereitung

1 Schalten Sie den Stromnetzschalter des Routers (falls vorhanden) an, auf „I".

2 Einige seiner LED beginnen zu blinken – das Gerät bootet (es durchläuft die Startroutine).

3 Warten Sie (etwa zehn Sekunden), bis sich die Anzeige ändert. Der Router ist betriebsbereit. Soweit eine Online-Anzeige vorhanden ist, meldet diese sich erst, wenn der Rechner angeschlossen ist und online geht.

4 Fahren Sie den Rechner hoch. Ihr Computer müsste sich nun melden und mitteilen, dass er einen Netzwerkanschluss gefunden hat. Nach kurzer Prüfung installiert er die LAN-Verbindung zum Router selbsttätig. Windows-Rechner ab XP jedenfalls sind darauf vorbereitet.

Die Installation

Die Installation eines Routers ist mit dem Installationsassistenten denkbar einfach. Wir zeigen es hier am Beispiel des Routers Speedport W 722V, den Sie zum Beispiel bei einem Anschluss über die Deutsche Telekom bekommen haben. Die Installation anderer Router ist sehr ähnlich.

1 Klicken Sie auf das Symbol für den Internet Browser auf dem Desktop oder im Windows-Startmenü. (Für die Konfiguration sollten Sie entweder den Internet Explorer oder Mozilla Firefox benutzen). Sollte auf Ihrem Rechner bisher kein Internet Browser installiert sein, so besorgen Sie sich das Programm. Sie finden es oft auf den CDs aus Computerzeitschriften.

2 Betrachten Sie die dargestellte Programmmaske des Browsers. Oben links sehen Sie ein langes weißes Eingabefeld. Das ist die Adresszeile.

3 Der Browser ist geöffnet, aber für die Konfiguration müssen Sie nicht online sein. Die Router-Webseite müsste automatisch

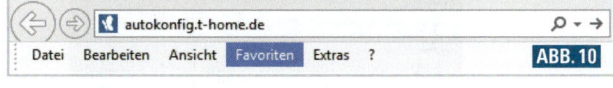

starten. Wenn nicht, geben Sie in der Adresszeile autokonfig.t-home.de ein (Abb. 10). Folgen Sie dort den Anweisungen zur automatischen Konfiguration.

4 Falls die Webseite nicht erscheint, geben Sie in die Adresszeile https://speedport.ip ein und drücken Sie dann die Return-Taste ⏎. (Bei älteren Routern kann es auch sein, dass Sie die Adresse http://192.168.2.1 eingeben müssen.). Falls Ihr System vor dem Besuch der Seite warnt: Klicken Sie auf Ich kenne das Risiko oder Ich möchte die Seite trotzdem besuchen (Abb. 11).

5 Eventuell müssen Sie dem Browser eine Sicherheitsregel hinzufügen, damit er die Seite als sicher einstuft (Abb. 12). Klicken Sie auf Sicherheits-Ausnahmeregel bestätigen. Daraufhin er-

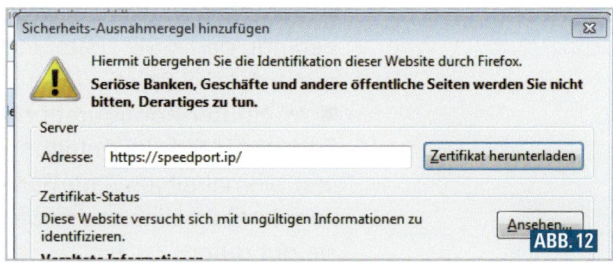

scheint ein Konfigurationsmenü. Klicken Sie auf Konfiguration starten (Abb. 13).

ABB. 13

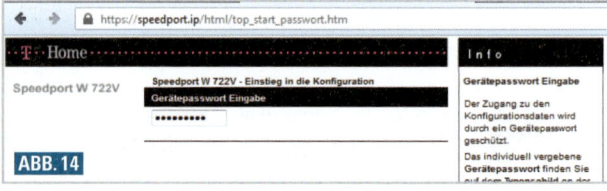

ABB. 14

6 Die Übersichtsseite zur Konfiguration wird geöffnet.

7 Geben Sie das Gerätepasswort in das blinkende Feld des Konfigurationsmenüs ein und bestätigen Sie Ihre Eingabe mit der ⏎-Taste. Das Gerätepasswort finden Sie bei diesem Router auf der Geräterückseite (z. B. 97300011), bei vielen Modellen steht es auch in der Bedienungsanleitung. Diese Sicherung soll verhindern, dass beim späteren WLAN-Betrieb ein Fremder Zugriff auf Ihren Router erhält. Manche Router wurden werksmäßig schon mit einer individuellen Zeichenkombination ausgestattet, man kann sie auf Aufklebern lesen, die in der Bedienungsanleitung und auf dem Gerät selbst angebracht sind. In diesem Fall müssen Sie dieses Passwort eintippen und mit OK bestätigen (Abb 14).

Bei anderen Routern ist das Zugangspasswort jedoch standardmäßig auf null gesetzt. Das merken Sie daran, dass Sie aufgefordert werden, es sofort zu ändern. Dann gehen Sie so vor:

■ Vergeben Sie ein neues Passwort, aber notieren Sie es sich unbedingt, damit Sie später stets Zugang zu diesem Installationsprogramm erhalten.

■ Im Router-Konfigurationsprogramm wählen Sie die Option zur Schritt-für-Schritt-Anleitung. Manche Router erteilen Ihnen jetzt erst einmal allgemeine Bedienungshinweise und zeigen ein Bild von der Rückseite des Routers mit seinen Anschlüssen. Lesen Sie sie gut durch.

■ Falls Sie das DSL-Kabel noch nicht angeschlossen haben, verbinden Sie es jetzt mit dem Router. Ansonsten erscheint im Menü unten der Hinweis Kein DSL verfügbar oder Verbindung getrennt (Abb. 15).

■ Ist die Verbindung vorhanden, erscheint: Verbindung aktiv (Abb. 16).

■ Klicken Sie im Menü Assistent auf den Menüpunkt Schritt für Schritt (Abb. 17). Klicken Sie auf OK und Weiter. Anschließend erscheint ein elektronisches Formblatt auf dem Bildschirm. Das müssen Sie mit den vom Provider brieflich zugesandten Daten ausfüllen. Vermeiden Sie Zahlendreher (Abb. 18)!

■ Notieren Sie sich die Daten, gegebenenfalls erstellen Sie Bildschirmfotos: Das geht so: Drücken Sie auf die [Druck S-Abf] (gegebenenfalls [⇧] + [Druck S-Abf] -Tasten. Damit wird ein Bildschirmfoto („Screenshot") geschossen. Rufen Sie ein Textverarbeitungsprogramm wie Word oder Open Office auf, klicken Sie die Einfügemarke an eine Stelle unter dem schon vorhandenen Text. (Siehe auch Seite 167)

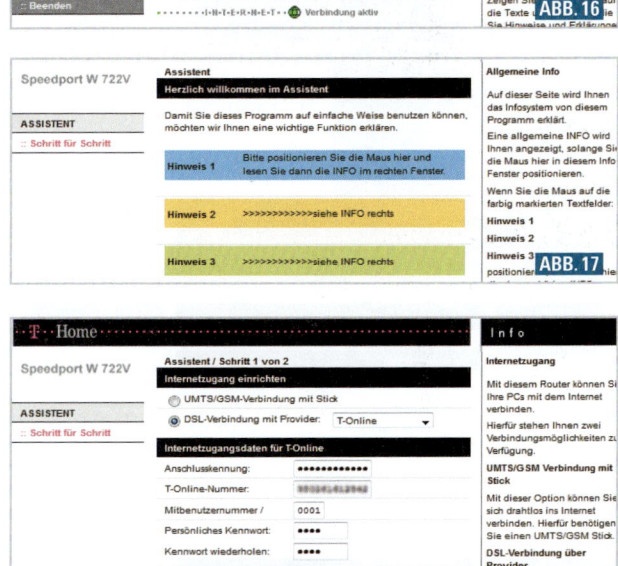

■ Drücken Sie die Tastenkombination [Strg] + [V]. Der Screenshot von der Installationsseite wird in das Word-Dokument aufgenommen.

■ Vergessen Sie nicht die sofortige Zwischenspeicherung des Dokuments und kehren Sie erst danach ins Installationsprogramm zurück.

■ Klicken Sie jetzt auf die Schaltfläche OK & Weiter und setzen Sie die Installation nach den vorgegebenen Schritten fort. Protokollieren Sie möglichst jeden Schritt wie oben angegeben. Es erscheint ein Fenster, dass die Daten überprüft werden. Es folgt meist ein kleines Fenster mit dem Hinweis: Der Internetzugang wurde erfolgreich eingerichtet. Klicken Sie auf OK (Abb. 19).

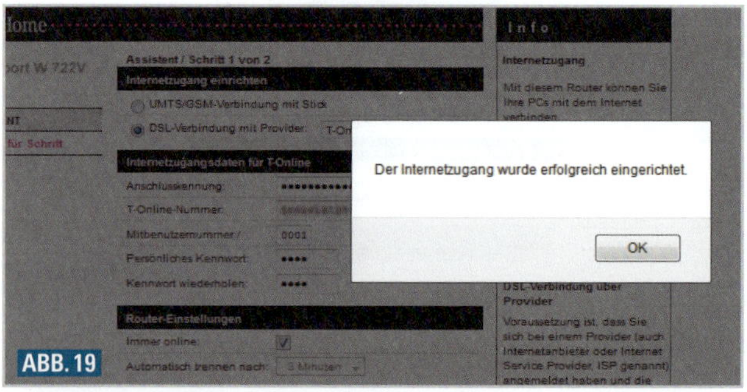

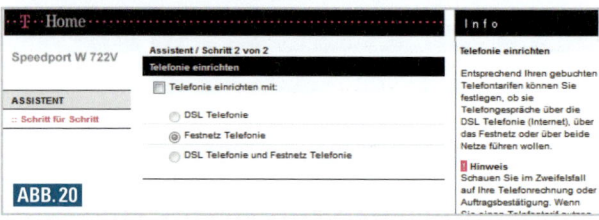

ABB. 19

■ Im nächsten Fenster werden Sie aufgefordert, die Telefonie einzurichten. Dies ist nur notwendig, wenn Sie über den Router auch telefonieren möchten. Sie können dies auch später noch konfigurieren. Lassen Sie im Feld Telefonie einrichten mit: einfach das Häkchen weg und klicken auf OK & Weiter (Abb. 20).

ABB. 20

■ Es erscheint ein Fenster, das Ihnen Ihre Daten in einer Übersicht anzeigt (Abb. 21).

■ Klicken Sie auf OK. Damit ist der Router eingerichtet. Im Übersichtsfenster klicken Sie auf Beenden. Schließen Sie einfach das Browserfenster.

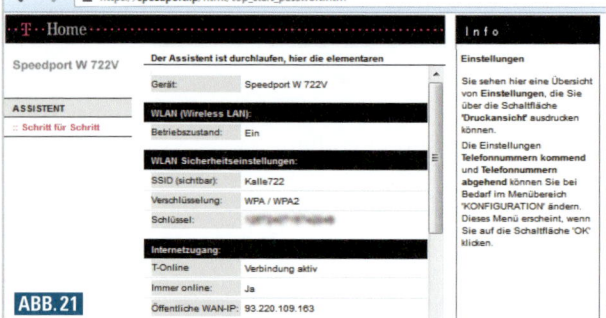

ABB. 21

■ Achten Sie während der Installation auch darauf, ob Ihnen das Programm das Einschalten der in den Router eingebauten Firewall anbietet. Diese Option sollten Sie nutzen, in manchen Geräten geht das automatisch.

Manche Fragen bleiben erst einmal offen

Während der Einrichtung des Routers werden von Ihnen Entscheidungen verlangt, deren Konsequenzen Sie womöglich noch gar nicht abschätzen können. Da werden Sie zum Beispiel gefragt, ob das WLAN angeschaltet werden soll. Sie werden sich später vielleicht einen drahtlosen Zugang zum Internet einrichten wollen, also was tun? Merken Sie sich die Stelle genau

(nehmen Sie sie in Ihre Dokumentation auf), aber schalten Sie das WLAN hier erst einmal ab. Denn ein ungeschütztes Funknetz stellt immer eine Gefahr dar. Zum Einrichten und Absichern des WLANs ist später noch Zeit.

Eine weitere mögliche Abfrage im Installationsprogramm des Routers gilt der Zwangstrennung, respektive jener Tageszeit, während derer der Router automatisch vom Netz genommen werden soll. Stellen Sie die Werte entweder auf Nie oder auf eine Zeit ein, in der Sie absehbar nie surfen werden (tiefste Nacht / früher Morgen).

Die erste Kontaktaufnahme

Sie haben das Installationsprogramm des Routers nun glücklich beendet. Falls es Ihr Provider so vorsieht, gelangen Sie jetzt automatisch auf seine Seite. Dort dürfen Sie sofort E-Mail-Fächer einrichten. Das können Sie jetzt, aber auch später jederzeit noch erledigen.

Sollte sich nach Beendigung der Installation nichts tun, müssen Sie den Internetbrowser schließen und erneut aufrufen.

Gelangen Sie jetzt ins Internet (beim Internet Explorer meist auf die Microsoft-Empfangsseite, darüber gleich mehr)? Falls ja:

Haben Sie bereits eine Software-Firewall (wie etwa Zone Alarm) installiert, kann es sein, dass diese Alarm schlägt, dass gerade ein Programm auf das Internet zugreifen möchte. Klicken Sie gegebenenfalls auf ein Häkchen in das Feld Diese Einstellung speichern und erteilen Sie diese Erlaubnis durch einen Klick auf Zulassen. Wir werden uns das Thema Firewall am Beispiel von Zone Alarm noch genauer ansehen (Seite 128).

Microsoft stellt bei seinem Internet Explorer (bis Version 8) die Startseite, auf die der Internet Explorer beim ersten Anklicken zugreift, von Haus aus auf die eigene Adresse ein. Das ist im späteren Betrieb lästig, lässt sich aber ändern:

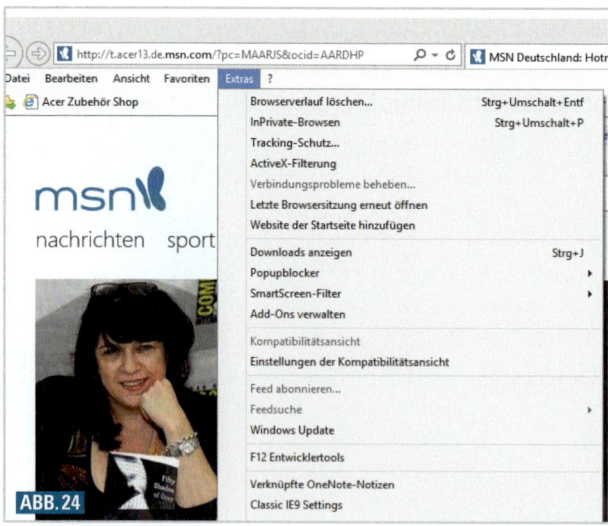

ABB. 24

1 Betrachten Sie die Menüleiste – klicken Sie auf Extras. Ab der Version Internet Explorer 9 finden Sie am oberen rechten Rand ein Schraubenmuttersymbol, das ebenfalls „Extras" heißt. Dies können Sie alternativ auch über drücken der Tasten ⟨Alt⟩ + ⟨X⟩ aufrufen.

2 Gehen Sie in dem aufgeklappten Menü auf Internetoptionen (Abb. 24).

3 Es öffnet sich ein neues Fenster.

4 Geben Sie unter „Startseite" zum Beispiel www.test.de ein (oder klicken Sie auf den Button Leere Seite, wenn Sie mit einer leeren Internetseite starten möchten).

5 Schließen Sie die Änderung mit Klick auf OK ab, das ist die Schaltfläche unten mittig. Damit schließt sich auch das Fenster der Internetoptionen (Abb. 25).

6 Schließen und öffnen Sie den Internet Explorer erneut: Falls Sie die test.de-Adresse eingegeben haben, müsste die test.de-Startseite erscheinen.

7 Geben Sie einen Suchbegriff Ihrer Wahl ein und klicken Sie auf Suchen oder drücken Sie Return ⏎. Öffnet sich die entsprechende Seite mit den Funden? Prima, dann hat der Anschluss wirklich geklappt und Sie können das Internet nutzen.

Mit DSL-Modem online gehen

Die Installation eines DSL-Modems unterscheidet sich nicht grundlegend von der eines Routers. Die Vorgehensweise ist sehr ähnlich. Natürlich sind die Details von Modem zu Modem und Anbieter zu Anbieter verschieden. Doch einen grundlegenden Unterschied zum Router sollten Sie kennen: Während Sie bei einem Router sofort online sind, wenn Sie beispielsweise den Browser aufrufen, funktioniert dies mit einem Modem nicht. Dort müssen Sie das Zugangsprogramm laden, sich anmelden und dann online gehen.

Auch zum Abschluss der Sitzung müssen Sie sich wieder abmelden und offline gehen (Abb. 26).

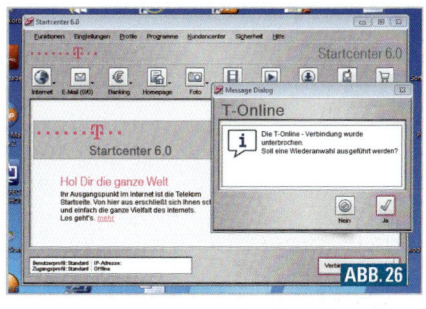

Funktioniert's nicht?

Stellen Sie sicher, dass die Verdrahtung stimmt.

1 Falls Sie eine Firewall nutzen, zum Beispiel ZoneAlarm, schalten Sie diese kurz ab: Suchen Sie in der Taskleiste am rechten unteren Bildschirmrand das Symbol des Schutzprogramms, dargestellt durch ein blaues Z oder zwei senkrechte, unterbrochene Balken. Klicken Sie mit der rechten Maustaste darauf, wählen Sie in dem nun erscheinenden Menü Beenden von ZoneAlarm mit einem Linksklick. Mehr zu ZoneAlarm auf Seite 128.

2 Bestätigen Sie Ihre Absicht in dem Abfragefenster mit einem Klick auf Ja.

3 Rufen Sie Ihren Internetbrowser erneut auf.

4 Klappt der Zugang ins Internet, schalten Sie unbedingt sofort wieder Ihre Firewall ein.

5 Arbeitet der Zugang immer noch nicht? Rufen Sie die Hotline an und halten Sie Ihre Dokumentation bereit.

DAS WLAN EINRICHTEN

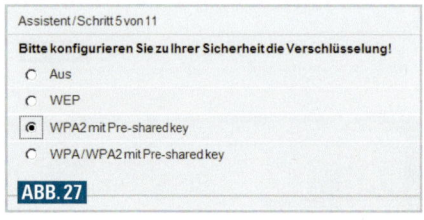

Assistent / Schritt 5 von 11

Bitte konfigurieren Sie zu Ihrer Sicherheit die Verschlüsselung!

- ○ Aus
- ○ WEP
- ● WPA2 mit Pre-shared key
- ○ WPA/WPA2 mit Pre-shared key

ABB. 27

Während das gut abgeschirmte LAN-Kabel so diskret ist wie eine geschlossene Auster, „ruft" ein Funknetz beständig lauthals in die Gegend. Das ist gut für denjenigen, dessen Zugang berechtigt ist. Er kann den Router zum Beispiel im Erdgeschoss aufstellen und ohne Kabel im ersten Obergeschoss oder im Garten surfen.

Leider können sich davon auch missliebige Zeitgenossen eingeladen fühlen. Sie könnten ebenfalls über Ihre Anmeldung ins Internet gelangen oder gar auf Ihren Datenträgern spionieren.

Um das zu verhindern, gibt es Verschlüsselungstechniken, mit deren Hilfe Router und Computer in „Geheimsprache" funken. Sie wechseln in kurzen Zeitabständen automatisch die Codeschlüssel aus (die derzeit beste Verschlüsselung ist der WPA2-Standard). Darüber hinaus sollte man die elektronische Tür so dicht versperren, dass nur ganz bestimmten Rechnern, nämlich Ihren eigenen,

Anschluss gewährt wird. Alle anderen – und ganz besonders die bösartigen Schnüffler – haben gefälligst draußen zu bleiben.

Wie das im Detail geht, würde hier den Rahmen sprengen. Es steht zum Beispiel in unserem Ratgeber „WLAN einrichten und absichern" aus der Reihe „PC konkret". Darin ist alles genau erklärt. Wir geben hier nur die Kurzfassung am Beispiel eines Telekom-Routers (genauer: des Speedport W 722 V) wieder. Auch für die WLAN-Installation brauchen Sie keine Zusatzprogramme, Ihr Router und Windows (ab XP) bringen alles Notwendige mit.

INFO **WLAN – Das Funknetz wird immer schneller**

Das Funknetz wird immer schneller. Datenraten von (theoretisch) 600 Mbit/s sind möglich. Der Router und der WLAN-Adapter (am oder im Computer) müssen aber darauf eingerichtet sein. Allerdings gibt es einige Faktoren, die den schnellen Datenaustausch behindern:

- Entfernung des Computers zum WLAN-Router
- Funken durch Wände
- Funkwellen von Nachbarn

Aus den versprochenen 600 Mbit/s werden so oft nur 100–300 Mbit/s. Wenn Sie das Gefühl haben, Sie können nur sehr langsam surfen, kann ein Verstärker („Repeater") helfen. Mit einem Repeater wird das Signal verstärkt. Der Router bleibt in der Nähe der DSL-Dose stehen und in einem anderen wird der Repeater aufgestellt. Der Rechner verbindet sich mit dem Repeater.

Die WLAN-Standards

Der heutige Standard heißt N-Standard (802.11n). Ein so ausgerüsteter Router kann übrigens sogar um die Ecke funken. Innerhalb dieses Standards gibt es aber Unterschiede bei der Bruttogeschwindigkeit. Bis 600 Mbit/s sind möglich, meist sind es aber deutlich weniger. Der Grund: Die Hersteller geben die Bruttodatenrate an. Rund die Hälfte wird allerdings für die Steuerung der Verbindung genutzt. Beim Nutzer kommt daher oft weniger als die Hälfte an.

Veraltet sind die Standard 802.11a (A-Standard), 802.11b (B-Standard) und 802.11g (G-Standard). Der G-Standard ist aber noch in älteren Geräten zu finden. Mit einem passenden Router sind dann maximal 54Mbit/s möglich.

Die Geräte der nächsten Generation gibt es bereits zu kaufen, ab 2014 soll der neue Standard dann offiziell eingeführt werden: 802.11ac wird er heißen. Er funkt im 5-GHz-Bereich und wird Geschwindigkeiten bis zu 1300 MBit/s ermöglichen. Da die Geräte abwärtskompatibel sind, macht es Sinn, sich gleich einen Router der neuen Klasse zu kaufen, statt sich rasch wieder ein neues Gerät kaufen zu müssen.

INFO   **Tipps für eine bessere WLAN-Verbindung**

■ Probieren Sie mehrere Positionen von Router zu Rechner aus. Eine leichte Drehung kann schon Wunder bewirken. Mit zunehmender Entfernung zwischen Router und Rechner sinkt auch das Tempo. Jede Wand bremst zusätzlich sehr deutlich.

■ Informieren Sie sich, ob der Router automatisch neueste Firmware (aktualisierte Betriebssysteme) herunterlädt, oder ob diese manuell heruntergeladen werden müssen.

■ Die meisten Router funken von Haus auf der 2,4-GHz-Frequenz (mit 20 MHz-Kanälen). Im benachbarten Bereich funkt auch die Fernbedienung für die Parkschranke, die Funkmaus oder die Mikrowelle. Neueste Router haben ein Menü, in dem man sich die Störungen anzeigen lassen kann. Weniger benutzt wird die 5-GHz-Frequenz (bei der die Kanäle auch doppelt so breit sind). Dieses WLAN verfügt über 19 Kanäle, die sich aber nicht überschneiden. Der Haken: Diese Frequenz bietet weniger Reichweite und nicht jedes Smartphone und Notebook kann mit diesem Frequenzband umgehen.

Den Router für WLAN konfigurieren

1 Starten Sie den Computer, und wenn er hochgefahren ist, den Router.

2 Halten Sie die Verbindung zwischen Rechner und Router mit dem Netzwerkkabel aufrecht.

3 Schalten Sie die WLAN-Geräte an: Beim Notebook drücken Sie auf den Schalter des eingebauten WLAN-Moduls (siehe Bedienungsanleitung). Viele moderne Notebooks zeigen auch automatisch die verfügbaren WLAN-Netze an (Abb. 28).

4 Es kann aber auch sein, dass bei angeschlossenem Netzwerkkabel kein WLAN möglich ist, dann versuchen Sie es, nachdem Sie das LAN-Kabel herausgezogen haben. Haben Sie den Weg per WLAN-Stick gewählt, dann achten Sie darauf, dass dieser korrekt in der USB-Buchse steckt (LED-Anzeige an).

5 Sehen Sie auf den Router – ist ein WLAN-Schalter vorhanden (siehe Bedienungsanleitung), muss er aktiviert werden (Abb. 29). Prüfen Sie, ob die WLAN-LED leuchtet.

6 Öffnen Sie das Internet-Zugriffsprogramm.

7 Geben Sie die für Ihren Router passende Adresse ein (zum Beispiel https://speedport.ip oder http://192.168.2.1) und rufen Sie das Konfigurationsprogramm auf. Höchstwahrscheinlich müssten Sie das Gerätepasswort eingeben (Seite 40).

8 Klicken Sie sich stets mit Weiter bis zum Abschnitt „WLAN" oder „drahtlose Verbindung" durch.

9 Suchen Sie nach einer Option, in der eine Zahlenkombination den Namen des Netzwerks darstellt (SSID genannt). In unserem Beispiel beim Speedport W 722V finden Sie den WLAN-Namen auf der Rückseite des Gerätes.

Nicht verbunden

Es sind Verbindungen verfügbar.

Einwähl- und VPN-Netzwerke

T-Online 6.0

Drahtlosnetzwerkverbindung

hotair

TA

ALICE-WLANDF

kd100

DAAD001

Arcor-F73D11

Netzwerk- und Freigabecenter öff ABB. 28

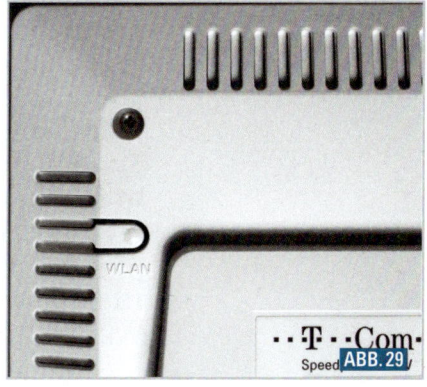

ABB. 29

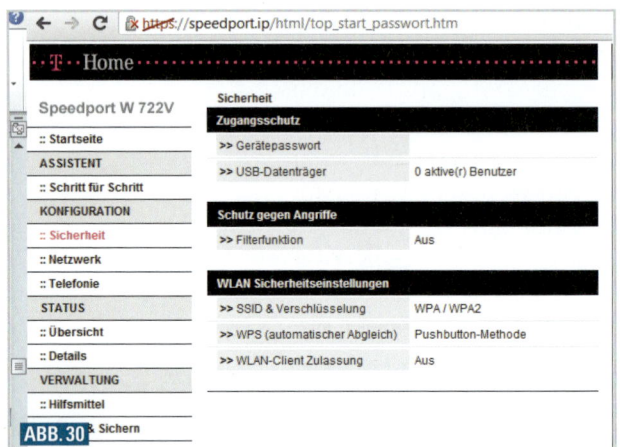

10 Gehen Sie im Menü Konfiguration auf den Punkt Sicherheit und wählen Sie SSID & Verschlüsselung (Abb. 30).

11 Ändern Sie den Namen im Feld SSID in einen, den Sie sich besser merken können – aber wählen Sie dazu lieber nicht Ihren Familiennamen, denn mit dieser SSID-Kennung taucht Ihr Netzwerk später im Wellensalat Ihrer Umgebung auf, sodass es jeder zuordnen kann.

12 Sie könnten hier eine Option zum Verbergen der Kennung nutzen, aber das erschwert Ihnen womöglich den Fortgang der Installation des Rechners, außerdem ist das für gut ausgestattete Hacker keine Hürde. Für den Anfang geht es auch so recht sicher:

13 Achten Sie auf die Möglichkeit, das Funknetz nach dem WPA2-Standard zu verschlüsseln. Falls neben so einem Eintrag ein Kästchen leer ist, klicken Sie ein Häkchen hinein. Dieser Sicherheitsstandard ist von Hackern bisher nur selten geknackt worden (Abb. 31).

14 Im Bereich Kennwort zur Verschlüsselung neben Pre-Shared-Key (PSK) geben Sie das Kennwort ein, wenn es nicht automatisch eingetragen wird.

15 Beim W 722V finden Sie den auf der Rückseite des Geräts (WLAN-Schlüssel).

16 Der Schlüsselcode kann bis zu 64 Zeichen lang sein. Sie können den Schlüssel auch ändern – laut einigen Juristen ist man nur bei erfolgter Änderung gegen Klagen abgesichert, falls doch mal jemand das WLAN-Netz für kriminelle Tätigkeiten nutzt.
17 Falls Sie den Schlüssel ändern, schreiben Sie sich den neuen Schlüssel auf oder fertigen Sie einen Screenshot an. Den Schlüssel benötigen Sie für die Anpassung Ihres Computers ans WLAN. Je länger der Schlüssel ist, desto größer ist die Sicherheit. Zu sicheren Passwörtern siehe Seite 133.
18 Beenden Sie den Installationsvorgang im Router durch Folgeklicks auf Weiter, bis der Router die neuen Einstellungen hat speichern können. (Beim W 722V klicken Sie direkt auf Speichern und dann auf Beenden.)
19 Beenden Sie die kabelgeführte Netzwerkverbindung, also entfernen Sie das Netzwerkkabel aus seiner Buchse.

Den Computer für WLAN konfigurieren

1 In der Taskleiste (unten rechts am Bildrand) befindet sich bei Vista ein Symbol, das zwei Bildschirme sowie eine stilisierte Weltkugel zeigt. Bei XP ist es ein Bildschirm, der nach rechts Wellen aussendet. Bei Windows 7 und 8 ist eine Reihe von Balken mit einem gelben Sternchen (Abb. 32).
2 Dies ist das Icon für Drahtlosnetzwerke, sprich: fürs WLAN.
3 Klicken Sie mit der rechten Maustaste darauf.
4 Wählen Sie das Menü Verfügbare Drahtlosnetzwerke anzeigen. Da Ihr Router ja schon sendet (die entsprechende LED blinkt/leuchtet doch?), sollte Ihr eigenes WLAN auf der sich nun öffnenden Liste erscheinen (erkennbar am Namen, an der SSID – deshalb sollten Sie zumindest anfangs die Kennung des Netzwerks nicht verbergen.
5 Klicken Sie auf den Eintrag, damit er aktiviert wird, danach klicken Sie auf Verbinden, die Schaltfläche unten rechts im Anzeigefeld.

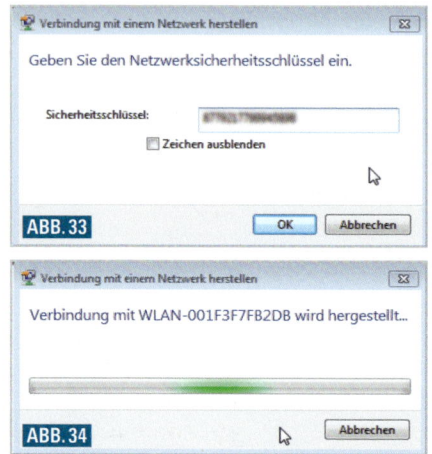

ABB.33

ABB.34

6 Wenn sich das Fenster des Installationsassistenten öffnet, geben Sie den in der Router-Konfiguration gewählten Netzwerknamen ein.

7 Achten Sie auf die WPA2-Verschlüsselung und lassen Sie die Schlüsselvergabe automatisch zuweisen. Klicken Sie auf Weiter.

8 Wenn Sie aufgefordert werden, den Netzwerkschlüssel einzugeben, so geben Sie den Schlüssel ein, den Sie auf der Rückseite des Routers finden (WLAN-Schlüssel, Abb. 33).

9 Ein Fenster öffnet sich, eine Verbindung mit dem Netzwerk wird hergestellt (Abb. 34).

Sehen Sie kein Fenster mit dem Hinweis, dass es ein Problem mit der Herstellung gab, hat der Verbindungsaufbau geklappt.

10 In der Liste der Drahtlosnetzwerke erscheint Ihres jetzt mit einem gelben Sternchen und der Meldung „Verbindung hergestellt" (falls noch nicht, klicken Sie auf den Eintrag links oben: Netzwerkliste aktualisieren).

11 Betrachten Sie die grünen Balken rechts im WLAN-Feld: Je mehr Balken gefüllt, desto besser die Funkverbindung (Abb 36).

12 Klicken Sie den Browser an und überprüfen Sie den Zugang ins Netz. Ihre Startseite sollte erscheinen. Geben Sie einen Testbegriff ein und bestätigen Sie mit ⏎ Return. Wenn eine Fundliste auftaucht, ist alles in Ordnung.

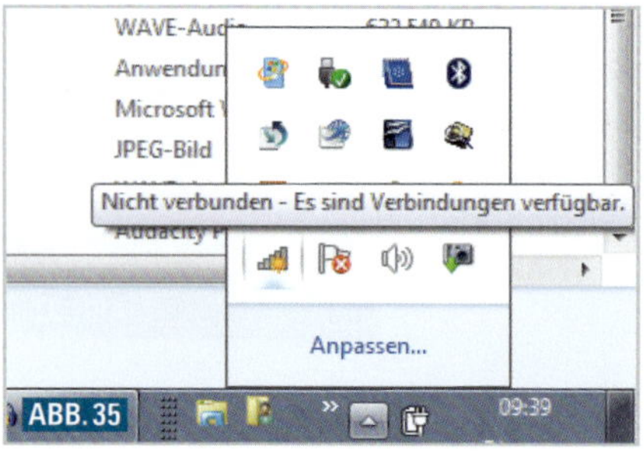

13 Wenn Sie sich später (nach der Erstinstallation) automatisch mit dem Internet verbinden lassen möchten, klicken Sie mit der rechten Maustaste auf die Reihe von Balken rechts unten am Bildschirmrand für die Übersicht aller Netzwerke.

14 Setzen Sie im daraufhin öffnenden Fenster bei der Drahtlosnetzwerkverbindung mit ihrem Namen das Häkchen bei Verbindung automatisch herstellen. Klicken Sie anschließend auf Verbinden (Abb. 37).

ABB.35

WLAN-Passwort vergessen?

Falls Sie Ihr eigenes Passwort nicht mehr finden, hilft das Zurücksetzen der Router-Einstellungen (Reset). Meist findet sich dafür auf der Gehäuserückseite eine kleine Öffnung, in die man zum Beispiel mit einer aufgebogenen Nadel drückt. Oft steht auch dort – schwer zu lesen – Reset. Damit erreicht man die Werkseinstellung: Als Passwort gilt wieder die Zahlenkolonne von der Gehäuserückseite.

Eine andere Variante ist die Passwort-Zurücksetzung über den Browser. Geben Sie dafür die IP-Adresse Ihrers Routers in das Adressfeld des Browsers ein. Also zum Beispiel für die Speedports: http://192.168.2.1 oder http://192.168.182.1 oder auch http://speedport.ip. Bei der Fritzbox ist es oft http://fritz.box. Eine komplette Liste mit den Adressen und auch Passwörtern finden Sie unter: www.router-faq.de.

ABB. 36

ABB. 37

INFO **Surfen in fremden WLANs und Internetcafés**

Bei öffentlichen WLANs (oft „Hotspots" genannt) ist Vorsicht angebracht. Hacker können sich darüber in den eigenen Computer einloggen und so frei in diesem bewegen. Ein paar Maßnahmen zur Sicherheit:

■ Verbindung zum Hotspot-Netzwerk stets manuell aussuchen und generell möglichst kurz im Netzwerk surfen.

■ Die Funktion „Bilder und Dokumente im eigenen Netzwerk für andere Nutzer freigeben" sollte abgeschaltet sein.

■ Bluetooth vorher ausschalten.

■ Immer im privaten Modus des Browsers surfen.

■ Browserfunktion zum Speichern der Passwörter abstellen.

■ Beim Verschicken von Fotos darauf achten, dass diese nicht auf dem Rechner des Internetcafés zwischengespeichert wurden.

■ Bei Mails das Abmelden (Logout) nicht vergessen.

■ Niemals Onlinebanking und Onlineshopping ausführen.

INS INTERNET GEHEN

Um die „Hardware", die technischen Geräte, haben wir uns bereits gekümmert. Um jetzt im Internet stöbern zu können — oft auch surfen oder browsen genannt —, benötigt man einen Internetbrowser. Den gibt es von verschiedenen Anbietern. Kleine Unterschiede gibt es noch einmal beim Surfen mit mobilen Endgeräten wie Smartphones und Tablet-PCs.

DIE WEBADRESSEN

Bevor wir uns gleich mit den einzelnen Programmen zum Surfen beschäftigen und wie man mit diesen online gehen kann, zuvor ein paar grundlegende Erläuterung zum Internet.

So, wie Sie auf einen Briefumschlag den Adressaten, Straße, Hausnummer und Postleitzahl schreiben, gibt es auch im Internet unverwechselbare Adressen. Um eine bestimmte Adresse im Internet aufrufen zu können, müssen Sie die URL (Uniform Resource Locator) übermitteln. Das ist sozusagen die Rufnummer im Internet. Die URL der Stiftung Warentest lautet www.test.de. Das www steht für World Wide Web, also weltweites Netz. Zusammen mit dem Namen „test" bildet sie die Domäne (englisch Domain). Wo die Domäne zu Hause ist, also registriert wurde, steht am Ende der Adresse: .de für Deutschland.

.de ist eine von vielen Top-Level-Domains. Die bekannteste ist wohl .com, ursprünglich für Geschäftsadressen gedacht (englisch: „commercial"). Adressen mit der Endung .com sind oft international ausgelegt, haben ihre Heimat in den USA und gehören Unternehmen.

Abb. 1

Organisationen findet man oft unter der Endung .org. Die Endung .net steht für network (Netzwerk), wird aber auch von vielen Firmen und Personen als Ausweichadresse genutzt, wenn die deutsche Top-Level-Domain bereits vergeben war. Österreichische Adressen enden übrigens auf .at, die aus der Schweiz auf .ch. So hat jedes Land seine eigene Top-Level-Domain.

Die Adresse www.test.de führt Sie zur Startseite der Webseite. Die Startseite wird auch Homepage genannt, wobei als Homepage fälschlicherweise oft die ganze Webseite bezeichnet wird.

Vielleicht werden Sie auch mal über Webadressen stolpern, die mehr als zwei Punkte beinhalten. Die Startseite vom Zweiten Deutschen Fernsehen (ZDF) erreichen Sie beispielsweise über www.zdf.de, das Spartenprogramm ZDFneo dagegen über www.neo.zdf.de. Dies ist sozusagen ein Nebeneingang und wird auch als Subdomain bezeichnet.

Wie Sie in dem Bild zu ZDFneo sehen, besteht die Adresse nicht nur aus www.neo.zdf.de; dem www ist ein http:// vorangestellt. Dieses kryptische Kürzel müssen Sie nicht eingeben, es sagt lediglich aus, dass eine Adresse im World Wide Web abgerufen werden soll. Die Internetbrowser wie Internet Explorer und Mozilla Firefox ergänzen die eingegebene Adresse automatisch um diesen Zusatz.

Webseite wird nicht gefunden

Wenn die eingegebene Internetadresse nicht gefunden wird, kann das mehrere Gründe haben. Es kann ein Rechtschreibfehler vorliegen (Abb. 3), oder aus Versehen wurden Umlaute geschrieben. Webadressen mit Umlauten sind noch nicht sehr verbreitet, erst seit Kurzem kann man überhaupt Domänen mit Umlauten kaufen. Vielleicht haben Sie aus Versehen einen Punkt oder Komma im Adressfeld gesetzt, damit kann Ihr Internet-Zugriffsprogramm nicht umgehen. Vielleicht sind Sie auch gar nicht online (Abb. 2).

Ordnernamen in einer Adresse werden von der Webadresse durch einen Schrägstrich „/" getrennt. In der Computersprache nennt man diesen „Slash". Den Onlineshop der Stiftung Warentest erreichen Sie zum Beispiel unter www.test.de/shop. Geben Sie allerdings die Adresse in dieser Form ein: www.test.de/Shop, so kann es passieren, dass Sie gar keine Verbindung bekommen oder zur Startseite umgeleitet werden. Während Groß- und Kleinschreibung in der eigentlichen Domain egal ist – auch www.TEST.de erreicht sein Ziel –, ist bei den Ordnern auf Groß- und Kleinschreibung zu achten.

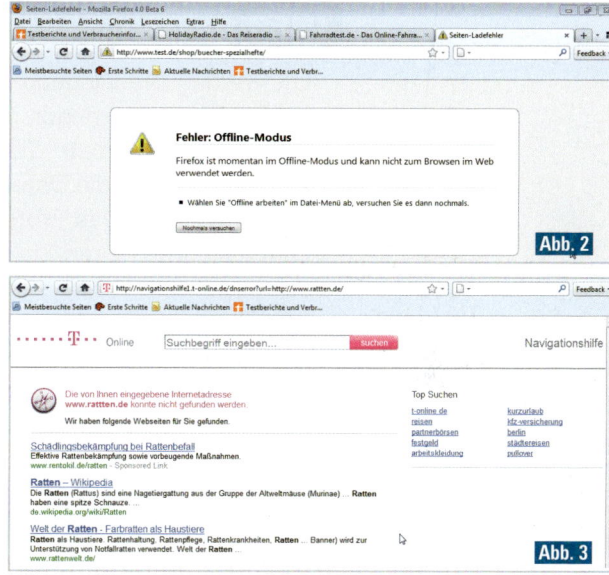

Wenn Sie keine Adresse erreichen, kann es natürlich auch daran liegen, dass die Internetverbindung zusammengebrochen ist. Suchen Sie einfach irgendeinen Begriff mit einer Suchmaschine wie Google oder Bing und schauen Sie, ob Sie ein Ergebnis erhalten. Aber aufgepasst: Das Internet-Zugriffsprogramm, zum Beispiel der Internet Explorer, kann sich auch im Offlinemodus befinden. Doch meist werden Sie dann darüber informiert und gefragt, ob Sie weiterhin offline bleiben möchten.

(Hyper-)Links

Das englische „Link" steht für Verbindung, Verknüpfung; „Hyper" ist nur eine Überhöhung. Jedes Wort, jedes Bild, jede Schaltfläche, jedes Zeichen und sogar eine scheinbar freie Fläche (unsichtbare Schaltfläche) kann ein Link sein. Dass hier etwas Aktives vorliegt, sehen Sie oft an der Farbe: Links sind im Text blau geschrieben und oft auch unterstrichen. Und jeder Link verändert den Mauspfeil:

INFO **Sichere Übertragung per https**

Oft werden Sie Webadressen sehen, die nicht mit „www." beginnen, sondern nur mit http://. Diese Abkürzung http steht für Hypertext Transport Protocol. Das Protokoll schreibt vor, wie die Daten in diesem Teil des Internets übertragen werden. Das Protokoll https – mit einem „s" wie sicher (secure) hinten dran – sorgt dafür, dass Daten verschlüsselt und damit sicherer übertragen werden. Es wird beim Einkaufen im Internet ebenso verwendet wie bei Bankgeschäften, wo allerdings auch noch andere Maßnahmen notwendig sind, um Ihre Kommunikation zu sichern.

Beim Überstreichen verwandelt sich der Pfeil in eine Hand. Dies können Sie leicht ausprobieren, wenn Sie beispielsweise auf die Seite www.test.de gehen. Bewegen Sie die Maus, deren Pfeil jetzt noch normal ist. Zeigen Sie auf einige der Hyperlinks und lassen Sie die Maus ein wenig verweilen, bis sich der Cursor vom Pfeil in die Hand mit Zeigefinger verwandelt.

Links leiten auf zwei Arten weiter: Sie können zu einer anderen Stelle auf derselben Webseite oder auch zu weiterführenden Informationen auf einer neuen Webseite führen. Nach dem Anklicken rufen einige Links die neue Internetseite automatisch im aktuellen Programmfenster auf (dann verschwindet beispielsweise die Startseite von www.test.de). Andere öffnen die Seite in einem neuen Programmfenster oder in einer neuen Registerkarte. Die Folge: Die Schaltfläche Zurück funktioniert dann nicht, die Startseite von www.test.de bleibt aber im anderen Fenster bzw. in der anderen Registerkarte weiterhin geöffnet. Zwischen Programmfenstern und Registerkarten wechseln Sie einfach per Mausklick.

Sie können einem Link, der sich im selben Fenster öffnen würde, aber auch ein neues Fenster oder eine neue Registerkarte (Tab) zuordnen. Gehen Sie dafür mit der Maus auf den Link und klicken dort die rechte Maustaste. Im sich öffnenden Fenster können Sie dann auswählen, wie Sie mit dem Link umgehen möchten.

Was sind QR-Codes?

Der Name steht für Quick-Response-Code und zeigt meist ein schwarz-weißes Muster, das an einen Irrgarten erinnert. Immer öfter findet man die Codes auf Eintrittskarten, in Anzeigen oder am Ende von Presseartikeln. In diesem Muster ist dann die Verlinkung ins Internet versteckt (codiert), aber es können auch weitere Informationen wie Telefonnummern, Texte, Geodaten oder WLAN-Zugangsdaten enthalten sein. Sie ähneln also Strichcodes, sind aber komplexer.

Abb. 4

Das Smartphone oder der Tablet-PC müssen fürs Auslesen eine Kamera enthalten und ein entsprechendes Programm (App) zum Auslesen des Codes. Man fotografiert den Code, die App decodiert ihn und zeigt die entsprechende Information an, zum Beispiel die Adresse der Webseite. Rechts der QR-Code von www.test.de. Aber das Programm sollte nicht gleich automatisch die Webseite öffnen, denn Betrüger haben sich diese Funktion zunutze gemacht, überkleben beispielsweise QR-Codes auf Anzeigen oder stellen gefälschte Flyer her, um den Benutzer auf mit Schadsoftware verseuchte Seiten zu leiten. Atagging wird dieser Vorgang genannt. Empfehlenswert sind deshalb nur Apps, die erst die Information anzeigen und nicht gleich die Webseite besuchen, wie zum Beispiel der Barcode Scanner für Android, Qrafter für iOS oder QR Code Reader für Windows Phone.

INFO **Was sind eigentlich diese „Apps"?**

„App" ist eine Abkürzung für Application (engl. für Anwendungsprogramm). Unter diesem Sammelbegriff verstecken sich eine Vielzahl von Anwendungen: klassische Spiele, Kalender, Wecker und verschiedenste Anzeigeprogramme. Erst sie machen die Vielfältigkeit eines Smartphones aus.

Es geht aber auch ohne App, auf PCs: Speichern Sie den QR-Code als Bild. Gehen Sie auf www.zxing.org/w/decode.jspx. Klicken Sie auf Durchsuchen und Daten auswählen. Wählen Sie die QR-Code-Datei aus. Klicken Sie auf Senden, oder Datei senden (Befehl kann sich von Browser zu Browser unterscheiden). Sogleich sehen Sie den Inhalt des Codes.

DIE INTERNETBROWSER

Abb. 5

Um im Internet zu surfen, brauchen Sie ein Internet-Zugriffsprogramm, einen sogenannten Internetbrowser. Dieses Programm stellt die Webseiten, die auf verschiedenen Computern (Servern) gespeichert sind, grafisch auf Ihrem Bildschirm dar, zum Beispiel die Seite der Stiftung Warentest unter www.test.de. Genauso zeigen moderne Browser Bilder und Videos an bzw. spielen Hörbeiträge ab.

Zur Auswahl stehen zahlreiche Browser, die bekanntesten sind der Internet Explorer, Mozilla Firefox, Google Chrome, Opera und Apples Safari. Welchen Sie nutzen, ist Geschmacks- und Ansichtssache. Manch einer bevorzugt einen weniger bekannten Browser, in der Hoffnung, dass dieser seltener von Hackern angegriffen wird. Sicherheitslücken finden sich allerdings bei allen Kandidaten. Manch ein Browserhersteller hat auch Mängel beim Datenschutz, sammelt Daten und überträgt sie an seine Firma. Man sollte darauf achten, seinen Browser aktuell zu halten – ständig werden neue Programmversionen veröffentlicht. Wir stellen die bekanntesten Browser nacheinander vor. Die Browser sind entweder bereits auf Ihrem Rechner installiert oder Sie können sie aus dem Internet herunterladen. Windows 8 bietet einen Button „Browserauswahl" (Abb. 5), über den Sie den Browser Ihrer Wahl installieren können (Abb. 7). Der gewählte und installierte Browser erscheint dann auf dem Desktop – bei Windows 8 als Kachel dargestellt (Abb. 6).

Abb. 6

Den entsprechenden Startbutton finden Sie entweder über das Startmenü oder über die Kacheln auf der Windows-8-Oberfläche.

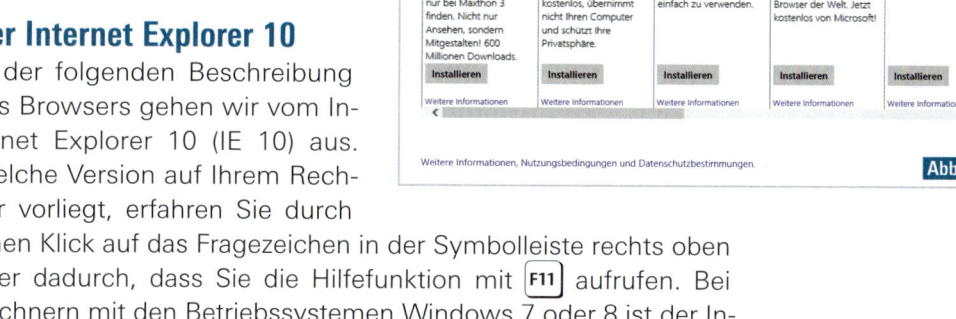

Abb. 7

Der Internet Explorer 10

In der folgenden Beschreibung des Browsers gehen wir vom Internet Explorer 10 (IE 10) aus. Welche Version auf Ihrem Rechner vorliegt, erfahren Sie durch einen Klick auf das Fragezeichen in der Symbolleiste rechts oben oder dadurch, dass Sie die Hilfefunktion mit F11 aufrufen. Bei Rechnern mit den Betriebssystemen Windows 7 oder 8 ist der Internet Explorer aus wettbewerbsrechtlichen Gründen von Haus aus noch nicht installiert. Bei älteren Rechnern ist dagegen oft der IE 8 vorinstalliert. Falls Sie mit Windows XP arbeiten, so müssen Sie mit dem IE 8 vorliebnehmen. Der IE 9 läuft nur unter Windows 7 und Vista, IE 10 nur unter Windows 7 und 8. Soweit Sie mit Windows XP arbeiten, sollte bei Ihnen mindestens die Version IE 7 laufen.

Für Umsteiger lautet die Adresse: www.microsoft.com/germany/windows/downloads/ie/getitnow.mspx. Ein Klick auf Jetzt herunterladen und der Browser lädt sich zum Installieren herunter. Die Datei zum Herunterladen bei einer Erstinstallation finden Sie auf folgender Webseite: http://windows.microsoft.com/de-de/internet-explorer/ie-10-worldwide-languages.

Sicherheit mit Bordmitteln: Die Internetoptionen

Der Internet Explorer bringt einige Optionen mit, mit deren Hilfe Sie Ihre Touren durchs Web sicherer gestalten können. Gehen Sie auf Extras_Internetoptionen oder ab dem IE 9/10 auf das Schraubenmuttersymbol links oben (Abb. 8), Internetoptionen. Wir beschreiben das Vorgehen anhand des IE 10. Die meisten Vorgänge sind aber identisch oder sehr ähnlich zum IE 9. Optisch

Abb. 8

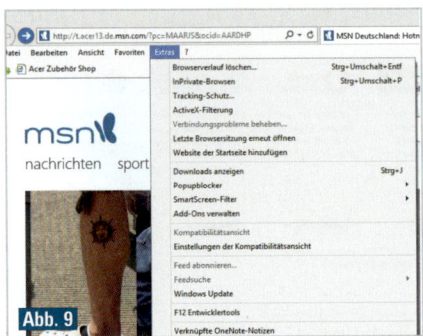

Abb. 9

Abb. 10

findet man beim IE 10 nur wenige Schaltflächen, Umsteiger werden die alten Status- und Menüleisten vermissen. Sie wurden versteckt und können mittels der [Alt] -Taste geöffnet werden (Abb. 9). Wir beschreiben hier allerdings zunächst die Handhabung im Auslieferungszustand.

1 In dem nun offenen Menü von Extras_Internetoptionen gehen Sie zunächst auf den Karteireiter Allgemein (Abb. 10).

2 Hier finden Sie den Eintrag der Startseite wieder, den Sie bei der Installation des Routers (Seite 44) verändert haben (im Beispiel auf www.test.de gesetzt).

3 Einen Block tiefer finden Sie den Browserverlauf. Hier vernichten Sie durch einen Klick auf Löschen Ihre Surfspuren. Es öffnet sich ein neues Fenster, das Ihnen die einzelnen Speicherfächer zeigt, welche Sie einzeln oder alle gemeinsam entleeren können.

4 Bei Interesse jedoch sollten Sie zuvor nachsehen, was sich im Laufe der Zeit so angesammelt hat. Klicken Sie daher im Block Browserverlauf auf die Schaltfläche rechts neben Löschen, auf Einstellungen_Dateien anzeigen (Abb. 11).

5 In den Einstellungen können Sie überdies festlegen, wie lange die Verlaufsdaten aufbewahrt werden, bis der Internet Explorer sie automatisch löscht (Abb. 12). Auch die Größe des dafür bereitzustellenden Speicherplatzes lässt sich hier begrenzen. Längere Aufbewahrungszeiten helfen Ihnen bei der Suche nach wichtigen Seiten, die Sie nicht herauskopiert oder in die Favoriten eingeordnet haben – sie fressen aber in ihrer schieren Menge auch Speicherplatz auf der Festplatte. Die richtige Einstellung werden Sie durch Ihre Erfahrung beim Surfen schon herausfinden.

6 Beenden Sie Ihre Übersicht mit OK und kehren Sie zum Hauptfenster der Internetoptionen zurück.

Seite Sicherheit: Stufe anpassen

Klicken Sie nun im Fenster Internetoptionen auf den Karteireiter Sicherheit (Abb. 13). Hier finden Sie die wichtigsten Hilfsmittel gegen Bedrohungen, denn damit werden die Funktionen des Internet Explorers zugänglich, die Sie Schritt für Schritt abschalten können.

Browser sind nämlich nicht nur Anzeigeprogramme für Texte und Bilder, sie interpretieren auch eine ganze Reihe anderer Anweisungen und können weitere Bausteine der Anzeige „einbetten". Die Palette solcher Anweisungen reicht von der sicheren Datenabfrage beim Internetbanking bis hin zum Abspielen von Filmen – wofür wiederum Abspielprogramme gestartet und gesteuert werden müssen. Die Befehlssprachen für solche Anweisungen heißen zum Beispiel ActiveX und Java. Leider jedoch greifen diese Steuerschnittstellen sehr tief in das Betriebssystem Ihres Rechners ein. Solange es sich um die „guten" Anbieter von Internetseiten handelt, ist das ja kein Problem. Doch es könnten genauso Böswillige in diese Tiefe Ihres Rechners gelangen. So sicher man das Ganze zu gestalten versucht, es bleiben immer irgendwelche Lücken übrig.

Wie man damit umgeht, ist der eigenen Sicherheitsphilosophie überlassen. Viele Surfer ignorieren die Gefahren, weil sie sich nicht einschränken möchten. Vorsichtigere Charaktere legen dem System gewisse Fesseln an, die sie nur für wirklich seriöse Seiten lockern. Und das geht auf zwei Wegen:

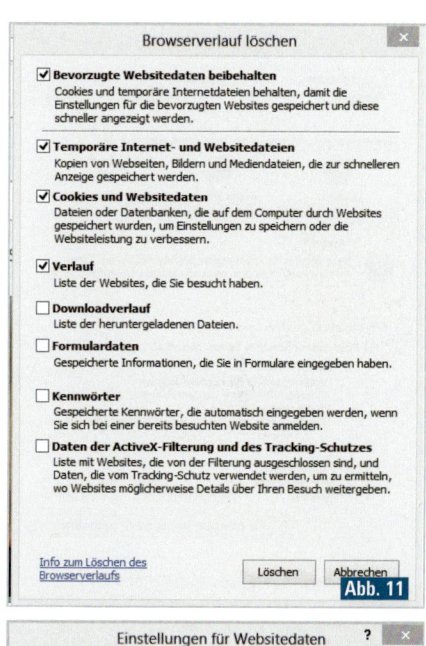

Abb. 11

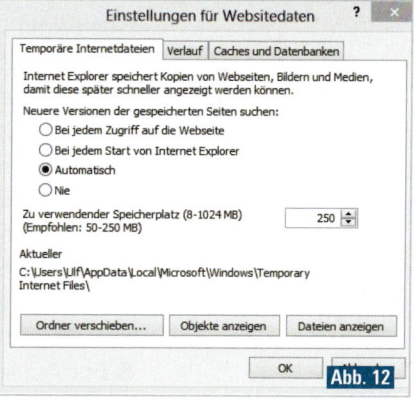

Abb. 12

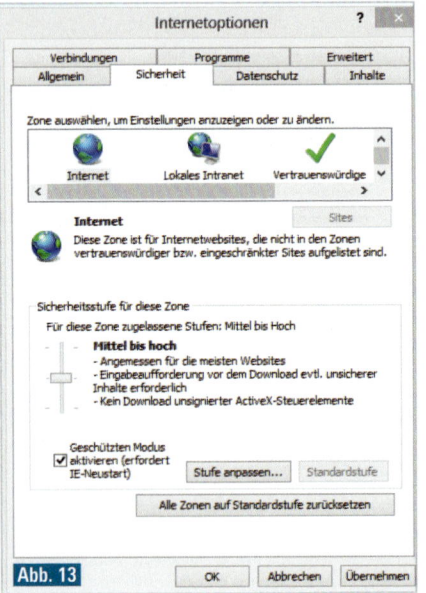

Abb. 13

1 In dem Fenster des Karteireiters Sicherheit sehen Sie vier Symbole (waagerechte Bildlaufleiste benutzen). Klicken Sie das Symbol Internet an (beim Start dieser Option ist es automatisch aktiviert).

2 Der Klick auf Standardstufe führt Sie zu einem Schieberegler, mit dem Sie drei Sicherheitsstufen global einstellen können, von Mittel bis Hoch. In der Einstellung Internet sind selbst in der freiesten (ungesicherten) Stellung Mittel bereits einige Sicherungen eingebaut, bei Hoch sind sie entsprechend verschärft. Bei der Erstinstallation vom IE 10 ist die Sicherheitsstufe auf Mittel bis hoch eingestellt.

3 Falls Sie wissen möchten, worum es dabei geht, klicken Sie auf Stufe anpassen.

4 Daraufhin öffnet sich ein weiteres Fenster mit einer Fülle von Einträgen. Benutzen Sie die vertikale Bildlaufleiste, um die Inhalte weiter unten anzusehen.

5 Scrollen Sie mit der Bildlaufleiste so weit hinunter, bis Sie die ActiveX-Steuerelemente und Plug-ins sehen.

6 Sollten Sie zu den vorsichtigeren Charakteren gehören, klicken Sie die Punkte in den Kreisen auf Deaktivieren (wie Sie solche Optionen auf vertrauenswürdigen Seiten freischalten, sehen wir gleich noch). Aber notieren Sie sich die Änderungen zum Beispiel per Screenshot genau.

7 Scrollen Sie mit der Bildlaufleiste weiter nach unten, bis Sie bei den Begriffen Scripting und Java ankommen.

8 Für Ausschalten klicken Sie auch hier die Punkte in den Kreisen auf Deaktivieren.

9 Sehen Sie die einzelnen Einträge des gesamten Fensters durch, oft finden sich Hinweise darin (empfohlen). Richten Sie sich nach diesen Empfehlungen.

10 Beenden Sie diese Einstellungen mit OK.

Jetzt sind Sie vor missliebigen Überraschungen beim Surfen schon recht gut geschützt. Sie müssen aber Einschränkungen erdulden, da von nun an so gut wie alle Multimedia-Möglichkeiten auf unbekannten Internetseiten gesperrt sind. Um Seiten, deren Angebote als seriös einzuschätzen sind, von diesen Fesseln zu befreien, gehen Sie nun so vor:

1 Klicken Sie im Fenster Sicherheit auf Vertrauenswürdige Sites, also auf das Symbol eines grünen Häkchens (Abb. 14).

2 Klicken Sie erneut auf Stufe anpassen und wiederholen Sie den Durchgang durch die Optionen des nun erscheinenden Fensters. Diesmal jedoch lösen Sie die Sperren – beachten Sie freilich weiterhin die dortigen Sicherheitshinweise und machen Sie sich stets entsprechende Notizen.

3 Beenden Sie auch diese Einstellungen mit OK.

4 Klicken Sie nun im Fenster Internetoptionen zunächst auch Sicherheit, dann auf Vertrauenswürdige Sites und dort dann auf die Schaltfläche Sites (Abb. 15). Hier werden Sie sich im Verlauf Ihrer zahlreicher werdenden Internetbesuche eine ganze Liste seriöser Anbieter anlegen. Diesen – und wirklich nur diesen – werden Sie auf Ihrem Rechner einen tieferen Zugang ermöglichen. Alle anderen bleiben auf hohem Sicherheitsniveau mit stark eingeschränkten Rechten.

5 Kennen Sie bereits eine seriöse Adresse? Richtig: die Ihres Providers. Zu ihm dürfen Sie doch wohl Vertrauen haben, wie auch zur Stiftung Warentest. Tippen Sie also seine Adresse oder www.test. de in die Hinzufügen-Zeile, entfernen Sie das Häkchen neben „Für Sites dieser Zone ist eine Serverüberprüfung erforderlich". Hier wird nachgefragt, ob Sie eine weitere Sicherheitsstufe nutzen möchten: https. Das s am Ende steht für secure, also für eine abhörsichere Verschlüsselung der fließenden Daten im Hypertext-Transfer-Protocol (Seite 58). Bedenken Sie, dass diese Verschlüsselung eine weitere Kommunikationshürde darstellt – Sie damit also den Kreis der Vertrauenswürdigen weiter eingrenzen. Wirklich

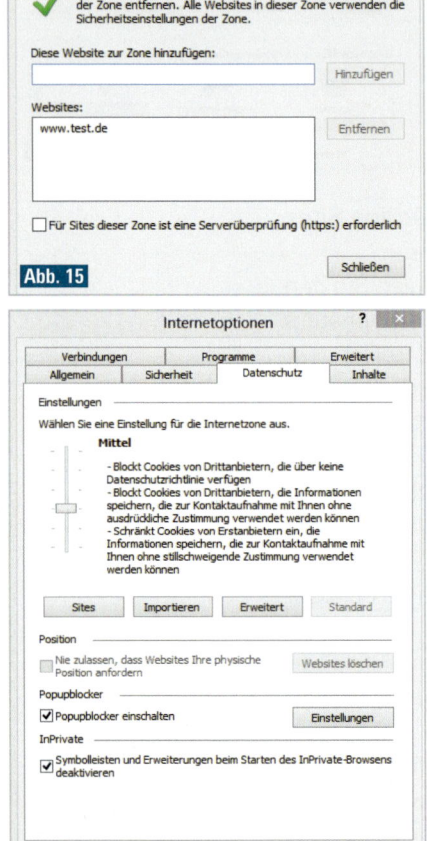

Abb. 15

Abb. 16

persönliche Daten (etwa beim Internetbanking) werden ohnehin noch durch umfangreichere Maßnahmen gesondert gesichert.

6 Die Webadresse der von Ihnen als vertrauenswürdig eingestuften Seite haben Sie ja eben schon in die Hinzufüge-Zeile eingetippt. Klicken Sie auf Hinzufügen und beenden Sie die Eingabe mit Schließen (Abb. 15).

7 Schließen Sie das Fenster Internetoptionen mit OK. Steht ein Adresseintrag im darunterliegenden Fenster, den Sie später wieder entfernen möchten, dann klicken Sie drauf – er wird blau markiert. Mit einem Klick auf Entfernen verschwindet er aus der Liste.

Seite Datenschutz

Wählen Sie nun aus den Karteireitern der Internetoptionen jenen mit dem Eintrag Datenschutz (Abb. 16). Hier finden Sie eine Option zu Cookies. Das sind kleine Dateien, die von Internetseiten auf Ihrem Rechner abgelegt werden – meist angeblich dazu, Ihnen beim nächsten Besuch der Website die Navigation zu erleichtern. Die nicht so wohlwollende Variante sind Tracking-Cookies, sie registrieren aufgesuchte Seiten im Auftrag der Internet-Werbewirtschaft.

In den Internetoptionen können Sie die Zulassung von Cookies mit dem Schieberegler stufenweise einstellen. Wenn Sie die Annahme völlig verweigern, kann es Ihnen allerdings passieren, dass Sie die gewünschten Seiten gar nicht zu sehen bekommen: Der Betreiber sperrt Sie aus.

Immerhin haben Sie die Möglichkeit, eine Auswahl zu treffen (Ausnahme: Der Regler steht auf „Alle Cookies blocken"). Im Auslieferungszustand steht der Regler auf Mittel.

1 Klicken Sie auf Sites (Abb. 17).
2 Betrachten Sie die bereits vorhandenen Einträge (falls Sie erst vor wenigen Minuten erstmals ins Internet gegangen sind, sind die Felder allerdings noch leer).
3 Unerwünschtes kann markiert und gelöscht werden.
4 Neueinträge können als unerwünscht (Blocken) oder als akzeptiert (Zulassen) eingegeben werden.
5 Später sehen Sie bei den geblockten Seiten am unteren Bildrand ein stilisiertes Auge mit einem roten Sperrsymbol. Ein Doppelklick darauf öffnet den Weg zu den Einstellungen.

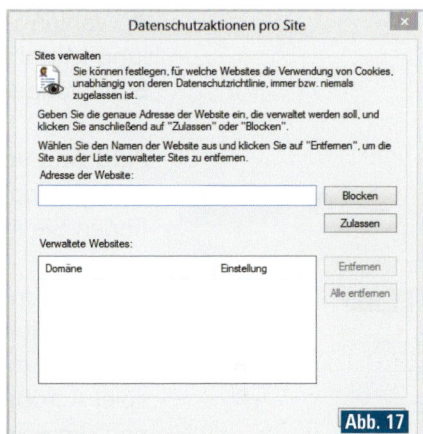

Pop-up-Blocker

Beachten Sie im Reiter Datenschutz auch den Bereich Pop-up-Blocker (abgeleitet von englisch „to pop up", „plötzlich auftauchen"). Pop-ups sind besonders nervige Begleiterscheinungen des Surfens: Kaum hat man eine interessante Seite geöffnet und ist dabei, mit dem Lesen zu beginnen, schon öffnen sich neue Fenster, meist mit Werbebotschaften. Unter ihnen können sich aber auch gefährliche Weiterleitungen auf bösartige Seiten oder gar zu Downloads von Schädlingen befinden. So blocken Sie deshalb Pop-ups:

1 Klicken Sie unter dem Reiter Datenschutz ein Häkchen in das Feld neben dem Eintrag Pop-up-Blocker einschalten.
2 Klicken Sie anschließend auf Einstellungen (Abb. 18). Hier können Sie Sites definieren, denen Sie das Einblenden von Pop-ups gestatten. Viel wichtiger jedoch ist das kleine Dreieck neben dem jeweiligen Eintrag im Bereich Filterungsstufe:
3 Klicken Sie auf das Dreieck.

4 Wählen Sie die gewünschte Stufe aus – wobei auch die Einstellung Mittel bereits zu guten Ergebnissen führt.
5 Bestätigen Sie die Änderung mit Schließen.

Add-ons verwalten

Abb. 19

Im Aufklapp-Menü unter dem Schraubenmutter-Symbol (Abb. 19) finden Sie auch den Eintrag Add-ons verwalten (Abb. 20).

Add-ons und Plug-ins sind Zusatzmodule, die installiert sein müssen, damit der IE auf andere Programme verweisen kann (im Ergebnis ist das den ActiveX- und Java-Befehlen recht ähnlich). Beispiel Acrobat Reader. Wenn Sie während des Surfens etwa auf einen Hinweis (Link) stoßen, der mit *.pdf markiert ist, dann handelt es sich dabei um ein bestimmtes Dokumentformat, um ein Portable Document File. Dieses Format wird vom Programm Acrobat des Herstellers Adobe verwendet. Da es dafür ein weitverbreitetes Anzeigeprogramm gratis gibt, den Acrobat Reader, werden PDFs gern für die Veröffentlichung von Texten eingesetzt, die nicht verändert werden sollen. (Falls der Reader auf Ihrem Computer noch nicht installiert ist, können Sie ihn unter der Internetadresse www. adobe.com/de/products/acrobat/ readstep2.html herunterladen.)

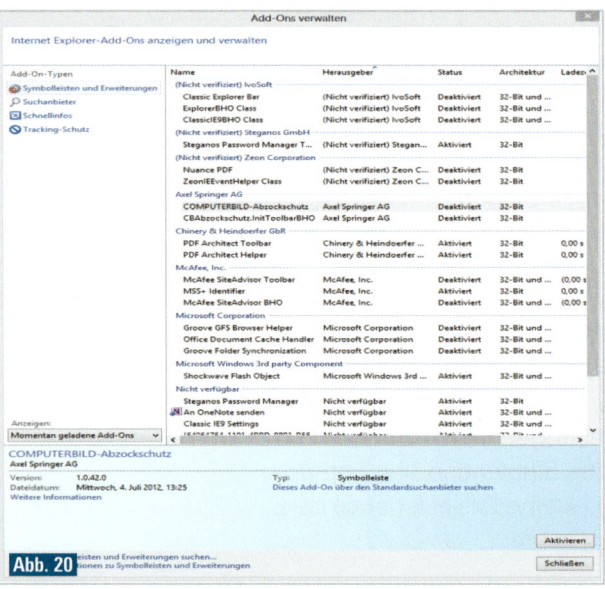

Abb. 20

Nur muss der Browser halt „wissen", wie er zu reagieren hat, wenn Sie beim Surfen auf einen PDF-Link klicken. Add-ons und Plug-ins ermöglichen es also, aus einem laufenden Programm (hier: Browser) heraus andere Programme (Acrobat Reader) zu starten und ihnen Daten zu übergeben (den Text im PDF). Wenn

Sie ein Add-on anklicken, werden im unteren Bereich weitere Informationen zu ihm angezeigt.
Damit haben Sie die für die Sicherheit wichtigen Schalter des Internet Explorers kennengelernt. Beenden Sie die Bearbeitung der Internetoptionen mit OK.

Weitere Funktionen unter dem Schraubenmutter-Symbol

Seit dem Internet Explorer 9 hat Microsoft sich von der Menüleiste mit der Reihenfolge Datei, Bearbeiten, Ansicht, Favoriten und Extras verabschiedet. Die Funktionen sind im Bereich mit dem Schraubenmuttersymbol (Extras) am oberen rechten Bildschirmrand versteckt worden. (Oder Sie drücken die Alt-Taste, dann erscheinen sie an gewohnter Stelle).

Abb. 21

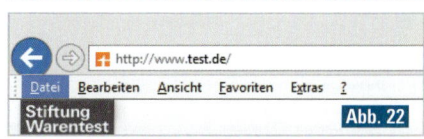

Abb. 22

■ Wenn Sie die Menüleiste dauerhaft einblenden möchten, gehen Sie folgendermaßen vor:

1 Klicken Sie mit der rechten Maustaste oben in den grauen Bereich der Seite (z. B. links vom Haussymbol). Ein Fenster öffnet sich.

2 Klicken Sie dort auf Menüleiste: ein Häkchen erscheint (Abb. 21), und die Leiste mit Datei, Bearbeiten usw. wird eingeblendet.

■ Drucken: Um eine Internetseite auszudrucken, gehen Sie folgendermaßen vor:

1 Wählen Sie im Internet Explorer zunächst die Option Extras_ Drucken und Druckvorschau. Damit können Sie vorab genau überblicken, was Ihnen der Drucker ausgeben wird.

2 Es öffnet sich eine neue Darstellung der Internetseite, gleichsam projiziert auf ein Blatt Papier im Format DIN A4.

3 Richten Sie zunächst die Druckgröße in Prozent unter „An Größe anpassen" so ein, dass in der Ausgabebreite tatsächlich alle wichtigen Elemente der Seite wiedergegeben werden (Abb. 23).

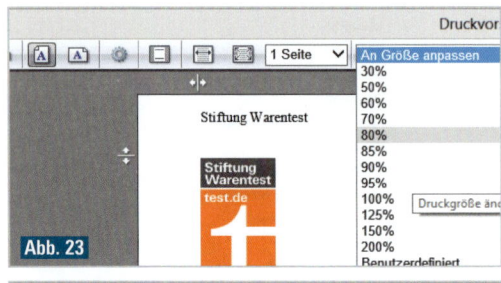

Abb. 23

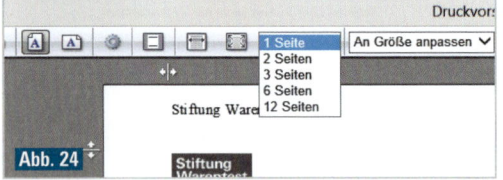

Abb. 24

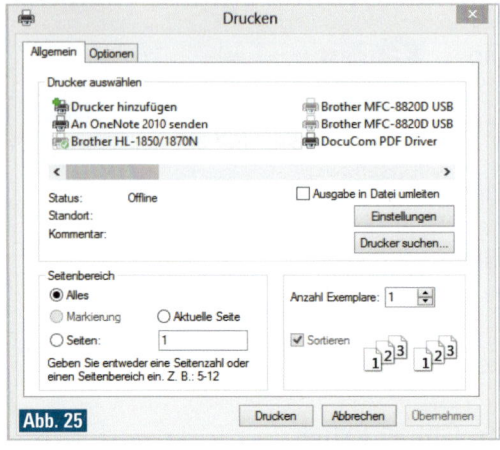

Abb. 25

4 Das mittlere Einstellfeld kann Papier sparen, da man so mehrere Seiten auf ein Blatt Papier zusammenfassen kann.

5 Überprüfen Sie im linken Einstellfeld, wie viele Seiten lang gedruckt wird (Abb. 24).

6 Passen Sie gegebenenfalls die Druckgröße wieder entsprechend an.

7 Ist alles schön übersichtlich angeordnet? Dann klicken Sie auf das Druckersymbol ganz links.

8 Nun öffnet sich das Feld für die Druckerausgabe. Ist Ihr Drucker für die Ausgabe markiert? Dann können Sie hier noch die gewünschte Anzahl der gedruckten Exemplare einstellen (Abb. 25).

9 Klicken Sie unten auf das Schaltfeld Drucken.

10 Möchten Sie allerdings nur einen markierten Frame (also einen grafischen Rahmen) drucken, gehen Sie im Drucken-Fenster auf Optionen. Dort können Sie auswählen, ob Sie jeden Frame oder einen ausgewählten Frame drucken möchten.

Datei: Unter der Rubrik „Extras_Datei" finden Sie unter anderem die Einträge zum Abspeichern einer Seite sowie die Suchfunktion, mit der Sie nach bestimmten Wörtern auf der geöffneten Webseite suchen können. Eine Webseite können Sie in verschiedenen Dateitypen abspeichern.

■ Bei „Webseite, komplett" speichert der Internet Explorer die Seite im html-Format als komplette Seite ab. Zum Archivieren und einfacheren Betrachten eignet sich allerdings das mht-Format besser. Zum Abspeichern öffnet sich ein neues Fenster, im Bereich „Dateiname" können Sie dann durch Klicken auf das kleine Dreieck am rechten Rand das gewünschte Speicherformat auswählen (Abb. 26).

■ **Wörter auf Website suchen:** Manche Internetseiten sind so lang und umfassen so viele unterschiedliche Details, dass es sehr lange dauern kann, bis Sie den gesuchten Begriff gefunden haben. Aber Sie können es sich einfacher machen:

1 Gehen Sie auf Extras_Datei_Auf dieser Seite suchen. Alternativ können Sie auch `Strg` + `F` drücken.

2 Es öffnet sich oberhalb der Webseite ein Eingabefenster, hier tragen Sie den Begriff ein.

3 Anschließend definieren Sie, ob der Begriff allein (als ganzes Wort) betrachtet werden soll, oder ob es sich auch um einen Teil von Komposita handeln darf (Abb. 27).

4 Soll die Groß- und Kleinschreibung minutiös beachtet werden? Stellen Sie's ein.

5 Bestätigen Sie den Suchbegriff mit `⏎`, die Suche beginnt.

6 Wird die Routine fündig, markiert sie die Stelle farbig.

7 Möchten Sie nachsehen, ob der Begriff noch andernorts vorkommt, klicken Sie auf Weiter (oder gegebenenfalls auf Zurück).

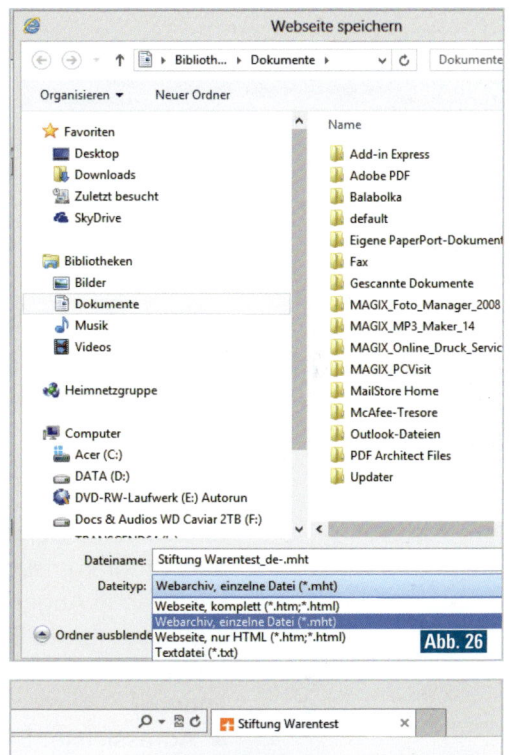

Abb. 26

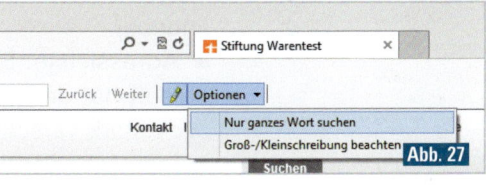

Abb. 27

■ **Zoom:** Mit der Funktion „Extras_Zoom" können Sie selbst kleinste Darstellungen auf Seiten angenehm kräftig vergrößern.

1 Ein Klick auf Vergrößern führt zu einer um 25 Prozent vergrößerten Anzeige, Verkleinern reduziert die Größe dagegen um 25 Prozent. Sie können auch genaue Prozentangaben anwählen.

2 Unter Benutzerdefiniert können Sie eigene Werte eingeben. Bedenken Sie, dass die Seite bei starker Vergrößerung nicht mehr komplett zu sehen ist.

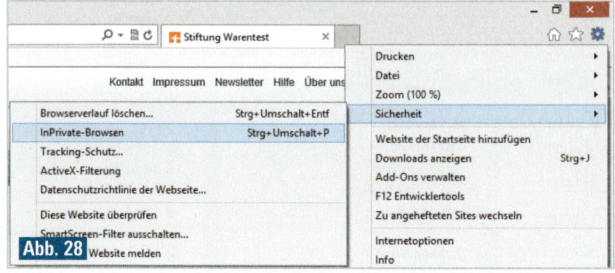

InPrivate-Browsen: Kein toller Titel, aber eine sinnvolle Funktion. Sie finden die Option unter „Extras_Sicherheit_InPrivate-Browsen" (Abb. 28). Das verhindert, dass der Internet Explorer Daten über Ihre Browsersitzung speichert. Dies umfasst auch Cookies und temporäre Internetdateien wie eben den Verlauf – dies muss dann nicht mehr manuell gelöscht werden. Wenn man InPrivate surft, erkennt man dies an einem blauen Hinweisfeld links in der Adresszeile.

Die IE-Bedienung

Nach so viel Konfiguration und Feinjustierung des Internet Explorers wirkt die Benutzeroberfläche selbst ganz einfach. Klicken Sie aufs Programmsymbol und nehmen Sie den IE von der obersten Leiste an in Augenschein:

Titelleiste (bis IE 8): Die Titelleiste zeigt den Namen der aktuellen Internetseite sowie den Namen des Programms (ohne Versionsangabe).

Adressleiste: Beim IE 10 ist die Adressleiste die Titelleiste. Microsoft hat den Internet Explorer ab der neunten Generation optisch stark verschlankt. In der Adressleiste finden Sie die aktuell aufgerufene Seite. Die Adressleiste trägt aber – neben der Adresszeile – noch weitere wichtige Funktionen:

Beachten Sie die runden Symbole ganz links: Das sind die Schaltflächen für das Umblättern der Seiten, ein Klick auf den Pfeil nach links führt zur vorangegangenen Seite, der auf den Rechtspfeil wieder zurück.

Rechts davon folgt die Adresszeile, sie enthält die Adresse der aktuellen Internetseite. Sie können sie markieren und dann durch die Adresse einer anderen gewünschten Seite ersetzen. Sobald Sie dann auf ⏎ Return drücken, wird die neue Seite aufgerufen.

Wiederum rechts von der Adresszeile folgen drei Schaltflächen-
symbole. Da gibt es zum einen
die Kompatibilitätsansicht, zu erkennen am zerrissenen Blatt
(Abb. 29). Für ältere Browser ent-

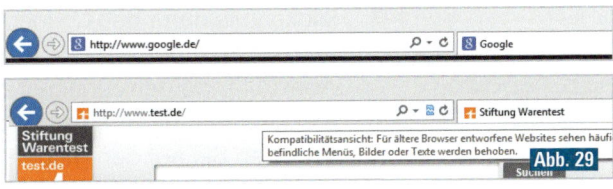

worfene Webseiten können hiermit besser dargestellt werden.
Dieses Zeichen wird allerdings nur bei Bedarf eingeblendet.

Rechts daneben finden Sie den Befehl fürs Aktualisieren – falls eine Seite noch einmal eingelesen werden soll – und weiter rechts
ein X fürs Abbrechen, wenn sich eine Seite zu langsam oder gar
nicht öffnet (nich das Schließen-Kreuz).

■ Registerkartenleiste: Neben der geöffneten Seite (in unserem
Fall die Seite der Stiftung Warentest) fällt ein kleines blaues Viereck
auf. Wenn Sie dort mit der Maus herüberfahren, öffnet sich ein
Infofenster mit dem Hinweis: **Neue Registerkarte** (Strg + T).
Diese Einrichtung ermöglicht das schnelle Blättern zwischen verschiedenen Angebotsseiten, ohne dass Sie dazu im Internet Explorer jeweils neue Seiten öffnen müssen. Sie können auch von
den Favoriten aus eine ganze Reihe von Registerkarten automatisch füllen lassen.

Mit ein bisschen Abstand weiter rechts sehen Sie ein Symbol, welches an ein Haus erinnert. Dieses steht für die Startseite. Falls Sie
also schnell zu ihrer gewählten Startseite (zum Beispiel leere Seite
oder Google oder ihre Lieblingswebsite) kommen möchten, brauchen Sie nur auf das Häuschen zu klicken (alternativ ist es durch
die Tastenkombination Alt + R erreichbar.)

Daneben sehen Sie ein gelbes Sternchen, ein Klick darauf öffnet
das Favoritencenter. Mittels der Favoriten können Sie einzelne
Adressen von Webseiten abspeichern, sodass Sie sie zu einem
späteren Zeitpunkt schneller wiederfinden.

Im Auslieferungszustand sind freilich dort noch nicht so viele Einträge zu finden. Ein paar Ordner liefert Microsoft aber gleich mit –
klicken Sie auf die Ordner, um sich den Inhalt anzuschauen.
Selbstverständlich können Sie diese Ordner auch löschen. Dafür

Abb. 30

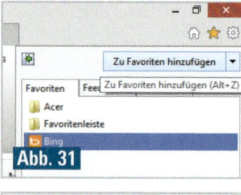

Abb. 31

Abb. 32

Abb. 33

Abb. 34

klicken Sie dafür den Ordner mit der rechten Maustaste an und gehen auf Löschen (Abb. 30).

Aber wir möchten zunächst erst einmal einen Favoriten zur Übung erstellen und dafür auch einen neuen Ordner bestimmen.

1 Gehen Sie auf den gelben Stern, klicken Sie ihn an, ein Fenster mit den Favoriten öffnet sich.

2 Klicken Sie auf die Titelleiste Zu Favoriten hinzufügen. Ein kleines Fenster mit dem Namen Favoriten hinzufügen öffnet sich. Im Bereich Namen sehen Sie blau unterlegt die Titelzeile der Seite, die Sie hinzufügen möchten, etwa Stiftung Warentest (Abb. 31).

3 Wenn Sie jetzt bereits auf Hinzufügen klicken, wird die Seite www.test.de im Ordner Favoriten hinterlegt (Abb. 32).

4 Wir möchten den Links auf die Stiftung Warentest einen eigenen Ordner spendieren. Der soll den Namen „Testberichte" tragen.

5 Deshalb klicken wir rechts auf Neuer Ordner. Im Feld Ordnername geben Sie „Testberichte" ein (Abb. 33).

6 Schließen Sie das Feld, indem Sie auf Erstellen klicken.

7 Im folgenden Fenster wurde daraufhin der Ordner im Feld Erstellen in: von „Favoriten" zu „Testberichte" ausgetauscht.

8 Klicken Sie auf Hinzufügen, um die Webseite www.test.de unter Favoriten im neuen Ordner Testberichte abzuspeichern.

■ Verlauf löschen: Im Bereich Verlauf wird protokolliert, auf welchen Seiten Sie gesurft haben. Dies kann hilfreich sein, falls man mal eine Webseite sucht und sich nicht mehr an die Adresse erinnert. Der Verlauf kann aber auch verräterisch sein. Sie können ihn deshalb auch löschen:

1 Klicken Sie auf den gelben Stern. Gehen Sie im neuen Fenster auf den Reiter Verlauf (Abb. 34).

2 Klicken Sie auf den entsprechenden Ordner (zum Beispiel „Montag" oder „vorherige Woche") mit der rechten Maustaste und gehen Sie auf Löschen.

■ Bildlaufleisten: Wie schon verschiedentlich erwähnt, scrollen Sie mit den Bildlaufleisten durch angezeigte Inhalte, wenn diese nicht komplett im Programmfenster angezeigt werden können.

■ **Scrollen mit der Tastatur:** Sie können den sichtbaren Bereich des Bildschirms mit den Bildlauftasten verschieben. Und wenn Ihnen der Mausweg zu den Pfeilsymbolen ganz links oben zu weit weg ist, können Sie mit der Tastatur auch zurück- und vorblättern:

Linkspfeil / Rechtspfeil für Seite zurück / Seite vor.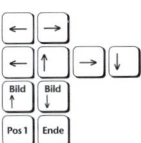
Kleine Bewegungen in die gewählte Richtung
Ein Sprung aufwärts bzw. ein Sprung abwärts
Zum Anfang bzw. zum Ende der Internetseite

■ **Bild als Datei speichern:** Finden Sie Bilder und Grafiken, die erst später gebraucht werden, sollten Sie diese „Objekte" erst einmal auf der Festplatte Ihres Rechners speichern.

1 Klicken Sie mit der rechten Maustaste auf das Bild. Wählen Sie im Kontextmenü Ziel speichern unter (Abb. 35).

2 Das Dialogfeld zum Speichern erscheint auf dem Bildschirm. Nun können Sie wählen, wo auf der Festplatte das Bild abgelegt werden soll und unter welchem Namen. Als Standard wird der Ordner C:\EIGENE DOKUMENTE\EIGENE BILDER vorgeschlagen. Aber Sie können einen beliebigen anderen nutzen.

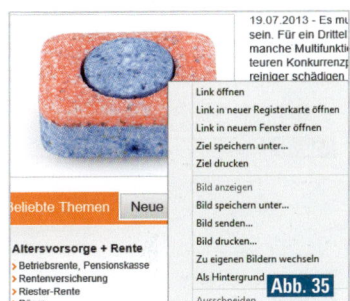

Abb. 35

3 Wenn Sie die Wahl getroffen haben, klicken Sie auf Speichern.

■ **Bildschirmfotos (Screenshots) machen:** Das Einfügen von Bildschirmfotos ist dann sinnvoll, wenn man beispielsweise einen Vorgang dokumentieren möchte. Beispielsweise wenn Sie etwas im Internet bestellt haben oder eine interessante Seite in ein Dokument einfügen möchten. Eine ausführliche Beschreibung dazu erfolgt ab Seite 167.

Den Internet Explorer 10 individuell anpassen

Dass man den Internet Explorer 10 individuell anpassen kann, haben wir schon an der Stelle bemerkt, als wir die Menüleiste einge-

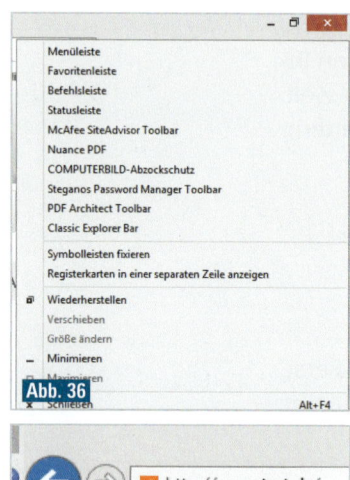

Abb. 36

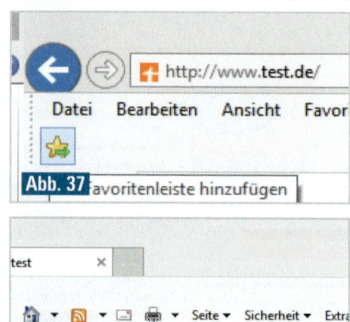

Abb. 37

Abb. 38

blendet haben. Sie können sich einige Leisten einblenden lassen, die im Auslieferungszustand des Internet Explorers nicht erscheinen. Manche davon sind sehr hilfreich, auch wenn sie ein wenig Platz auf dem Bildschirm einnehmen.

Für die Einstellungen klicken Sie mit der rechten Maus auf eine freie Stelle im Kopf des Internet Explorers. Ein Fenster wie am linken Rand öffnet sich (Abb. 36).

Bisher sind dort keine Leisten aktiviert, denn es sind keine Häkchen gesetzt. Zur Auswahl stehen eine Favoritenleiste, eine Befehls- sowie eine Statusleiste.

■ Die Favoritenleiste: Wenn Sie einen Haken links von der Favoritenleiste setzen, schiebt sich eine Leiste zwischen der Adresszeile und der angezeigten Webseite. Diese Leiste beginnt mit einem gelben Stern (Abb. 37). Wenn Sie jetzt auf einer Webseite surfen und diese in ihren Favoriten abspeichern möchten, brauchen Sie nur auf den gelben Stern zu klicken. In der Favoritenleiste erscheint dann auch der Titel der favorisierten Seite.

■ Die Befehlsleiste: Die Befehlsleiste führt eine Reihe von Symbolen ein (Abb. 38). Sie können sich sowohl am linken als auch am rechten Rand des Kopfbereichs des Internet Explorers befinden. Die Position hängt davon ab, ob Sie bereits zuvor die Favoritenleiste aktiviert haben. In diesem Fall „rutscht" die Befehlsleiste nach rechts. Die Befehlsleiste enthält ein paar Symbole, die wir bereits kennen.

Das Haussymbol steht für die Startseite. Daneben befindet sich das orangene RSS-Feeds-Symbol. RSS-Feeds werden oft im Zusammenhang mit häufig aktualisierten Inhalten bereitgestellt. Einen Feed kann man abonnieren und so informiert werden, wenn sich die Inhalte ändern. Wenn Sie einen Feed abonnieren, überprüft der Internet Explorer automatisch die Seite auf aktualisierte Beiträge und lädt nur diese herunter, die seit Ihrem letzten Besuch hinzugekommen sind.

E-Mails abrufen: Aus dem Internet Explorer können Sie schnell ins E-Mail-Programm wechseln, um eine ganze Seite oder nur den Link darauf (sprich: ihre Adresse) zu versenden.

Klicken Sie dafür auf das **Briefumschlagsymbol** in der Befehlsleiste. Allerdings müssen Sie dafür das E-Mail-Programm installiert haben, doch so weit sind wir noch gar nicht (ab Seite 173). Zudem verlangt der IE die Eingabe eines Mailprofils, damit er weiß, welche Absenderadresse er verwenden soll (Sie werden irgendwann mehrere E-Mail-Adressen und damit unterschiedliche Profile benutzen).

Drucken: Aus der Befehlsleiste heraus können Sie auch schnell den Drucker aufrufen.

Seite: Dieses Menü bietet zahlreiche Funktionen (Abb. 39). Einige davon haben wir bereits an früherer Stelle vorgestellt. Sie können die Kopieren-Funktion hierüber aufrufen, die Seite speichern, die Seite mit der Suchmaschine von Bing übersetzen lassen oder auch die Seite oder nur den Link der Seite über eine E-Mail senden. Auch die Zoomfunktion ist über dieses Menü zu erreichen.

Seite_Textgröße: Die Darstellungsgröße einer Seite kann insgesamt mithilfe der Vergrößerungsstufe eingestellt werden. Über die Befehlsleiste **Seite_Textgröße** jedoch können Sie gezielt die Darstellungsgröße der Schriftzeichen beeinflussen. **Groß** bis **Sehr groß** sollte es schon sein – kleiner ist anstrengender (Abb. 40).

■ **Statusleiste:** Neben Favoriten- und Befehlsleiste gibt es auch noch eine Statusleiste, auch diese ist beim Internet Explorer zunächst deaktiviert. Sie können sie aktivieren, in dem Sie mit der **rechten** Maustaste im Kopfbereich in einen leeren Bereich klicken. Im sich daraufhin öffnenden Fenster setzen Sie ein Häkchen links neben der Statusleiste. Sie wird daraufhin am unteren Bildschirmrand eingeblendet und zeigt die aktuelle Handlung an.

Links wird Ihnen die Seite genannt, mit der der Internet Explorer Kontakt aufnimmt und sie öffnet (Abb. 41). Darüber hinaus können Sie sehen, wohin ein Link führt. Gehen Sie mit der Maus über einen Link, so erscheint in der Statusleiste der vollständige Pfad. Auf diese Weise kann man auch überprüfen, ob der Link wirklich zur passenden Seite führt. Insbesondere bei gefälschten Seiten fällt spätestens hier auf, dass man mit Anklicken des Links auf eine völlig andere Webseite gelenkt werden soll.

■ Extras: Auch in der Befehlsleiste gibt es ein „Extras"-Menü. Dies sieht ein wenig anders aus als das bereits beschriebene, welches man über das Schraubenmutter-Symbol erreichen kann. Die Funktionen sind hier anders angeordnet und vielleicht für manchen auch schneller zu finden, als sich durch das Extras-Menü mit vielen nacheinander aufgehenden Fenstern zu klicken. Die Funktionen finden sich aber auch unter den anderen Menüoptionen.

Favoriten verwalten: Das Menü Favoriten und die Optionen, die dahinterstecken, sind sehr nützliche Helfer beim Archivieren interessanter Internetseiten, die Sie häufiger ansteuern werden. Allerdings sollten Sie sich dafür schon mal vorab eine gewisse Ordnung einrichten, schon damit Sie das System durchschauen:

1 Klicken Sie auf Favoriten verwalten. In unserem Beispiel sehen Sie bereits angelegte Ordner, denn wir hatten ja vorhin den Ordner Testberichte angelegt.

2 Wenn Sie möchten, richten Sie sich doch jetzt schon einige „Schubfächer" ein – allerdings können Sie das auch später jederzeit tun, und zwar mit einem Klick auf Neuer Ordner (Abb. 42).

3 Geben Sie ihm sofort einen aussagekräftige Namen.

4 Ein Klick auf den jeweiligen Ordner klappt ihn auf.

5 Die darin enthaltenen Einträge können verschoben, umbenannt und gelöscht werden, sobald sie per Klick markiert worden sind. Selbst mit den Ordnern geht das.

Abb. 42

Unterwegs im Netz: Nur: im Moment haben Sie doch bis auf www.test.de noch gar keine Favoriten definiert. Aber das wird sich beim Surfen ändern:

1 Wann immer Sie auf eine interessante Seite gelangen, die Sie im Auge behalten wollen, klicken Sie auf Favoriten_Zu Favoriten hinzufügen.

2 Es öffnet sich ein kleines Fenster. Hier können Sie die Adresse der Internetseite per Klick aufs Dreieck rechts neben „Erstellen in ..." dem richtigen Ordner zuweisen, falls er schon vorhanden ist.

3 Sollten Sie aber ein neues Themengebiet erschließen wollen, dann klicken Sie auf Neuer Ordner.

Bald verfügen Sie über eine stattliche Anzahl von Sachgruppen (Ordnern) und Einträgen (Adressen). Jetzt sollten Sie kurz innehalten und eine weitere hilfreiche Option einrichten:

1 Erinnern Sie sich noch bei der Vorstellung der Leisten im Internet Explorer an das gelbe Sternchen? Mit einem Klick auf dieses Symbol öffnen Sie das Favoritencenter. Es legt sich links an den Bildschirmrand.

2 Ganz rechts oben an dieser neuen Spalte befindet sich ein grüner, nach links zeigender Pfeil. Wenn Sie die Maus über dieses Symbol führen, öffnet sich ein Infofenster mit der Bemerkung: „Favoritencenter anheften". Klicken Sie auf den Pfeil, dann wird sich der IE stets mit dem Favoritencenter öffnen. Unsere Empfehlung: Machen Sie's so. Denn dann können Sie während des Surfens flink auf einen Ordner klicken, ihn öffnen, einen Eintrag darin anklicken, und schon sind Sie auf der gewünschten Seite.

3 Mehr noch: Sobald Sie mit dem Mauszeiger einen Ordner berühren, bietet er Ihnen an, seinen gesamten Inhalt in einer Registerkartengruppe auszubreiten. Sie müssen dafür den kleinen grünen Pfeil nach rechts anklicken. Nun können Sie nach Lust und Laune (in diesem Beispielfall) zwischen den einzelnen Onlinepublikationen hin und her springen. Sie können sogar die elektronische Seite mit einem bestimmten Artikel aufgeschlagen liegenlassen, das Thema per Registerkartenwechsel beim nächsten

Informationsanbieter aufsuchen und mit vergleichender Zeitungs-
wissenschaft beginnen.

4 Mit einem Klick auf Schließen verschwindet die darunterliegen-
de Karte, mit Andere Registerkarten schließen alle bis auf die gerade aktive.

Sitzungswiederherstellung

Abb. 43

Beim Absturz des Rechners oder
vom Internet Explorer bietet das
Programm beim Neustart (meist) die Wahl, zur Startseite zu wechseln oder die letzte Sitzung wiederherzustellen (Abb. 43).

Internet Explorer mit Windows 8 Metro

Der Internet Explorer sieht in der Windows 8 Metro-Optik ein bisschen anders aus als die Desktop-Variante.

Auf der Startseite tippen oder klicken Sie auf die Kachel des Internet Explorers (Abb. 44). Das Programm öffnet sich, wahrscheinlich
beim ersten Mal mit der MSN-Homepage als Startseite.

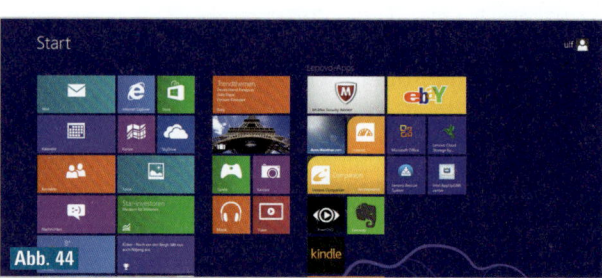

Abb. 44

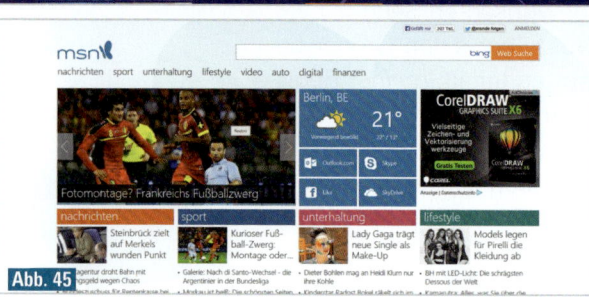

Abb. 45

Die Adresszeile finden Sie im unteren Bereich (**1**, Abb. 46). Auf
gleicher Höhe befinden sich auch
die wichtigsten Einstellmöglichkeiten, mittels der Pfeile (**2**) kann
man vor und zurück navigieren.
Neu laden wird wie bei den anderen Browsern durch den runden
Pfeil (**3**) signalisiert. Über den
Schraubenschlüssel (**4**) erreicht
man die Einstellungen. Weitere
Menüpunkte findet man zudem
im oberen linken Bereich (**5**).
Anders als bei der Desktop-Variante ist auch eine Kacheloptik am
oberen Bildrand, wo einzelne be-

suchte Webseiten in Miniaturform angezeigt warden.

Sie sind übrigens bei Windows 8 Metro nicht an den Internet Explorer gebunden. Suchen Sie sich die Kachel Browserauswahl. Dort werden Ihnen alternative Browser angeboten, unter anderem auch der Firefox-Browser, den wir im nächsten Abschnitt vorstellen.

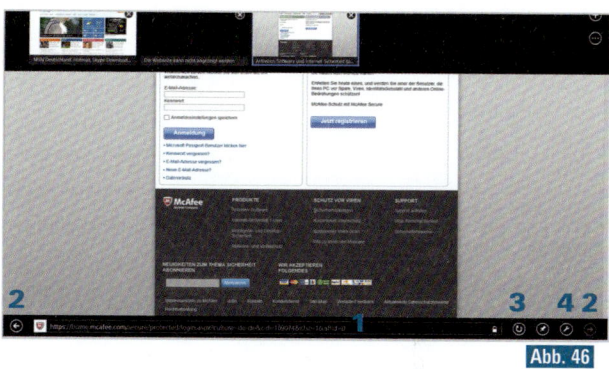

Abb. 46

Mozilla Firefox

Ein weiteres in Deutschland sehr beliebtes Internet-Zugriffsprogramm ist der ebenfalls kostenlose Mozilla Firefox. Entweder finden Sie es auf Computerzeitschriften-CDs, oder Sie laden es sich aus dem Internet herunter: www.mozilla-europe.org/de/firefox.

Folgen Sie den Anweisungen bei

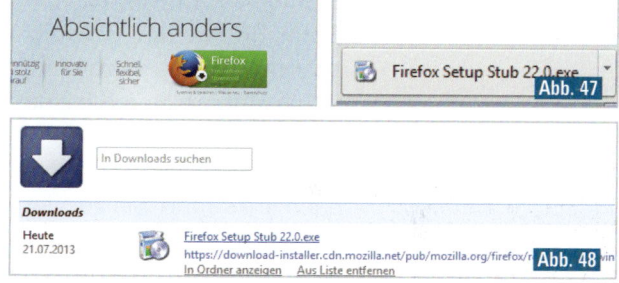

Abb. 47

Abb. 48

der Installation. Falls diese nicht automatisch ausgeführt wird, klicken Sie am unteren Bildschirmrand in der Taskleiste auf den Tab Downloads.

1 Im neuen kleinen Fenster sehen Sie eine Übersicht über die heruntergeladenen Dateien. Die neuesten Dateien befinden sich in der Liste immer ganz oben.

2 Klicken Sie doppelt auf Firefox Setup.exe. Der Dateiname ändert sich je nach Version, in diesem Fall heißt die Datei Firefox Setup Stub 22.0.exe (Abb. 48).

3 Ein weiteres Fenster öffnet sich, in dem Sie gefragt werden, ob Sie die Datei ausführen möchten. Klicken Sie auf Installieren.

Abb. 49

4 Führen Sie die nächsten Schritte des Installationsprogramms aus. Der Download wird durchgeführt und das Programm installiert (Abb. 49).
5 Falls Sie Firefox als Ihren Standardbrowser installieren möchten, brauchen Sie im nächsten Fenster nichts zu verändern, ansonsten entfernen Sie das Häkchen.
6 Klicken Sie zuallerletzt auf Fertigstellen. Firefox startet dann automatisch.

Im Gegensatz zum Internet Explorer setzt der Firefox weiterhin auf die klassische Menüleiste, über die man zahlreiche Programmfunktionen ohne schnelles Herumsuchen finden kann. Aber es gibt auch am unteren Bildrand Icons mit einigen Funktionen (Abb. 50).

Menüleiste (**1**): In der Menüleiste finden Sie folgende Rubriken: Datei, Bearbeiten, Chronik, Lesezeichen, Extras und Hilfe. Gleich erläutern wir die einzelnen Funktionen, doch zunächst werfen weiterhin einen ersten Blick auf den Firefox.

Navigation (**2**): Mit diesen Schaltflächen können Sie zwischen verschiedenen Webseiten hin und her springen. Ein Klick auf den Pfeil nach links führt Sie zur vorherigen Seite, ein Klick auf die rechte Schaltfläche eine Seite voran.

Aktualisieren und Abbrechen (**3**): Mit dem kreisrunden Pfeil können Sie eine Seite erneut laden. Dies ist vor allem dann sinnvoll, wenn sich in der Zwischenzeit das Aussehen der Seite geändert haben könnte, beispielsweise bei einer Nachrichtenseite oder während einer Auktion.

Startseite (**4**): Als Startseite wird jene Webseite bezeichnet, die als Erstes aufgerufen wird, wenn Firefox gestartet wird. Falls Sie eine eigene Startseite bestimmen möchten, gehen Sie auf Extras, dann auf Einstellungen, im neuen Fenster können Sie einstellen, welche Seite oder auch welche Seiten als Startseite verwendet werden sollen.

Abb. 50

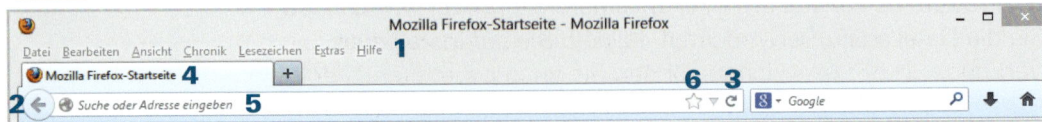

Abb. 51

Adresszeile (5): Geben Sie hier die Webadresse ein, zum Beispiel www.test.de und drücken Sie Return ⏎ .

Nachrichten-Ticker: Falls auf der Webseite ein Nachrichten-Ticker installiert ist, erscheint dieses Symbol in Orange (Seite 76).

Lesezeichen (6): Mit einem Klick auf den Stern können Sie ein Lesezeichen erstellen oder ein bereits existierendes bearbeiten.

Internetsuche (7): In Firefox ist auch gleich eine Suchmaschine integriert. Als Standard sehen Sie hier die Suchmaschine von Google. Klicken Sie auf das kleine Dreieck links von Google, wenn Sie die Suchmaschine wechseln möchten. Ist die Suchmaschine in der Liste nicht aufgeführt, können Sie auf Suchmaschinen verwalten gehen (Abb. 51).

Lesezeichen-Reiter (8): Dieser Reiter ist im Auslieferungszustand nicht aktiviert, Sie können ihn aber über Ansicht_Symbolleisten_Lesezeichen-Symbolleiste oder über die Tasten Strg + B einblenden.

Angezeigt werden dann die Seiten: „Meistbesuchte Seiten", „Erste Schritte" und „Aktuelle Nachrichten". Falls Sie bestimmte Seiten in diesen Reiter anfügen möchten, klicken Sie auf das Symbol vor der Adresse (ein weißes Blatt oder das Symbol der Firma, hier das „t" von test), halten die linke Maustaste gedrückt und ziehen das Symbol in die Spalte und lassen Sie die Maustaste los. Ein dort abgelegtes Lesezeichen können Sie auch bearbeiten oder löschen, klicken Sie es dafür mit der rechten Maustaste an.

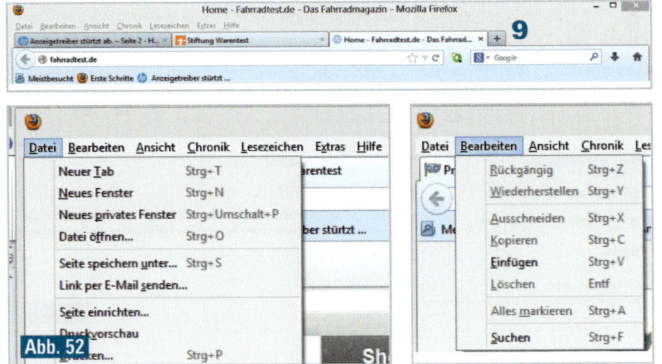

Abb. 52

Registerkarten (Tabs) (**9**): So behalten Sie den Überblick, falls viele Seiten gleichzeitig geöffnet sind. Die Seiten sind alle im selben Fenster geöffnet, aber wie Karteikarten hintereinandergelegt (Abb. 52). Einen Tab wählen Sie mit einem Klick der linken Maustaste auf den Reiter, neue Tabs öffnen Sie über Datei (s. auch Seite 88).

Die Menüleiste im Detail

■ Wenn Sie mit der Maus über das Menü Datei fahren, klappt sich ein Fenster nach unten auf. Hier finden Sie einige nützliche Einträge:

Neuer Tab / Neues Fenster: Ein leerer Tab (Registerkarte) beziehungsweise ein leeres Fenster wird geöffnet.

Neues privates Fenster: Damit starten Sie den privaten Modus, Firefox legt also keine Chronik an.

Seite speichern unter: Falls Sie die Seite abspeichern möchten, wählen Sie hier das Dateiformat aus.

Link per Mail senden: Falls Sie den Link der Webseite an jemanden verschicken möchten.

Drucken: So können Sie eine Seite ausdrucken. Es empfiehlt sich allerdings, zunächst die Druckvorschau anzuwählen.

Druckvorschau: Mit dem Klicken auf Druckvorschau verändert sich das Aussehen der Webseite. Sie sehen einen Bildschirm, ähnlich wie bei einem Blatt Papier. Sie können bestimmen, ob Sie das Dokument im Hoch- oder Querformat ausdrucken möchten. Falls Sie die Größe der Schrift verändern möchten, klicken Sie auf Skalierung. Dort können Sie die Seitengröße verändern. Zum Ausdrucken klicken Sie oben links auf Drucken, wählen gegebenenfalls den Drucker aus und schließen das Fenster mit OK.

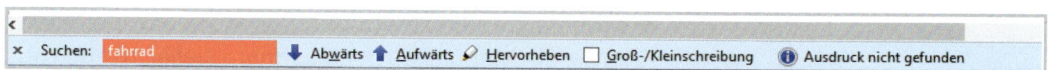

Abb. 53

■ Das Menü Bearbeiten: In diesem Menü sind vor allem drei Einträge wichtig: Kopieren, Alles markieren und Suchen. Der Eintrag Kopieren ist allerdings erst dann aktiv, wenn Sie einen Text markiert haben.

Mit Bearbeiten_Alles markieren können Sie eine komplette Webseite markieren, danach klicken Sie auf Kopieren, um das Markierte in den Zwischenspeicher zu laden. Von dort kann es dann zum Beispiel in ein Textdokument überführt werden (Seite 167).

Falls Sie auf einer Webseite nach einem bestimmten Begriff suchen möchten, klicken Sie auf Bearbeiten_Suchen (oder drücken Sie `Strg` + `F`). Am unteren Bildrand wird eine Leiste eingeführt. Dort können Sie einen Begriff eingeben. Wird dieser auf der Seite nicht gefunden, erscheint das Feld rot markiert sowie rechts der Hinweis Ausdruck nicht gefunden (Abb. 53).

■ Das Menü Ansicht: In diesem Menü sind vor allem zwei Einträge interessant: die Symbolleisten und der Bereich Zoom (Abb. 54). Mit Ansicht_Symbolleisten können Sie das Aussehen von Firefox verändern. Wenn Sie mit der Maus über Symbolleisten fahren, klappt rechts ein Menü aus. Sie sehen dort drei Häkchen vor Menüleiste, Navigations-Symbolleiste und Lesezeichen-Symbolleiste. Mit dem Deaktivieren der Häkchen verschwinden diese dann vom Bildschirm.

Aber Achtung: Wenn Sie diese Menüleiste wegklicken, ist es gar nicht so einfach, sie wiederherzustellen, denn das Menü, das wir gerade besprechen, fehlt dann. Deshalb gut überlegen, ob man es deaktivieren möchte.

Der Eintrag Ansicht_Zoom ist auch sehr hilfreich. Ein Klick darauf öffnet rechts ein kleines Fenster. Dort können Sie die Schriftgröße der Seite vergrößern oder auch verkleinern. Besonders praktisch ist die Eigenschaft „Nur Text zoomen". Damit besteht die Möglichkeit, nur den Text, aber nicht die Bilder zu vergrößern oder zu verkleinern (Abb. 55).

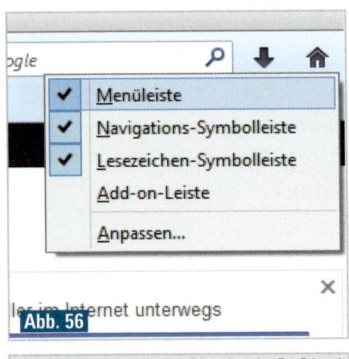

Abb. 56

■ **Menüleiste verschwunden – wie wiederherstellen?**
Falls Sie die Menüleiste doch einmal – vielleicht auch aus
Versehen – weggeklickt haben, können Sie diese so wiederherstellen:
Klicken Sie mit der rechten Maustaste auf das Feld zwischen Aktualisierung und Startseite, ein Fenster geht
auf, dort können Sie dann wieder links neben der Menüleiste das Häkchen aktivieren. Ähnlich verhält es sich
auch mit den anderen Leisten (Abb. 56).

Chronik
Der Firefox führt Buch über die Seiten, die Sie jüngst besucht haben. Wenn Sie den Menüpunkt Chronik anklicken, öffnet sich ein Fenster mit zahlreichen Einträgen
(Abb. 57). Zunächst sehen Sie im unteren Bereich die
letzten 15 besuchten Webseiten.
Sie können aber auch ganz tief in der Vergangenheit
wühlen. Wenn Sie Gesamte Chronik anzeigen anklicken, öffnet sich die Bibliothek (Abb. 58). Dort sehen Sie
Ordner, in denen sämtliche von Ihnen besuchte Seiten
abgelegt sind.

Abb. 57

Diese automatische Archivierung
ist ganz praktisch, wenn man
nach einer alten Webadresse
sucht, die man nicht als Lesezeichen abgespeichert hat. Schließen Sie die Bibliothek durch Klicken auf das X oben rechts.
Löschen der Chronik: Gehen Sie
auf Extras_Neueste Chronik löschen (Abb. 59).
Es öffnet sich ein kleines Fenster,
dort können Sie bestimmen, ob
die letzte Stunde, die letzten zwei

Abb. 58

oder vier Stunden, die gesamte heutige Chronik oder alles gelöscht werden soll.

Klicken Sie auf Details, klappt sich ein Menü auf, in dem Sie auswählen können, welche Spuren gelöscht werden sollen. Also zum Beispiel nur die besuchten Seiten oder auch Cookies und der Zwischenspeicher (engl. „Cache", Abb. 60).

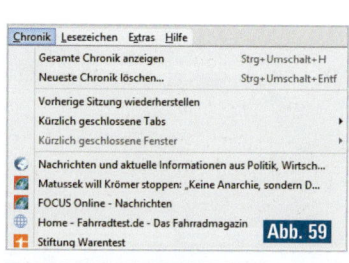

Abb. 59

Echtheit einer Internetseite überprüfen

Immer wieder kommt es vor, dass Internetseiten gefälscht werden, um beispielsweise an Kontodaten zu kommen. Firefox bietet ein Sicherheitsmerkmal, auf das Sie achten sollten, wenn Sie auf Internetseiten unterwegs sind, auf denen Sie sensible Daten wie Kontonummern etc. eingeben. Die Webseite ist echt, wenn links neben der Webseitenadresse ein grün unterlegter Hinweis zu lesen ist.

Klicken Sie zum Test auf das grüne Feld. Im neuen Fenster sehen Sie, wer die Webseite betreibt (Abb. 61).

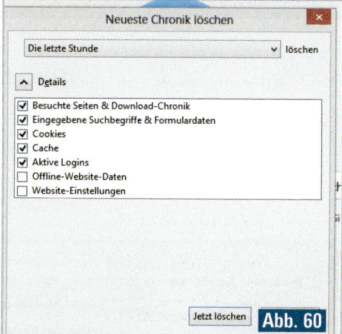

Abb. 60

Darüber hinaus erfahren Sie, dass die Verbindung auf dieser Seite verschlüsselt erfolgt. Klicken Sie auf Weitere Informationen (Abb 62). Im nächsten Fenster erfahren Sie einiges zu Ihren Besuchen auf dieser Seite, etwa, ob Passwörter und Cookies gespeichert werden. Diese können Sie sich anzeigen lassen und gegebenenfalls auch löschen.

Abb. 61

Gefährliche Internetseiten

Es kann immer mal vorkommen, dass man auf nicht sehr vertrauenswürdigen Webseiten landet, auf denen Gefahr besteht, dass man ausspioniert wird oder wo versucht wird, schadhafte Programme auf Ihrem Rechner zu installieren. Falls Firefox diese Seiten kennt, erscheint ein Fenster mit einem roten Wachmann (Abb. 63, 64).

In solch einem Fall klicken Sie auf Diese Seite verlassen.

Abb. 62

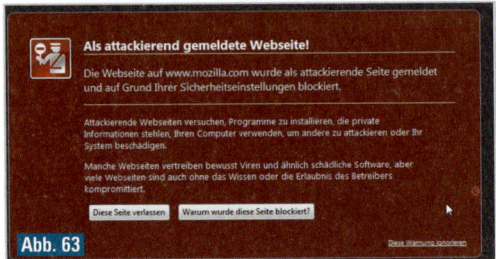

Abb. 63

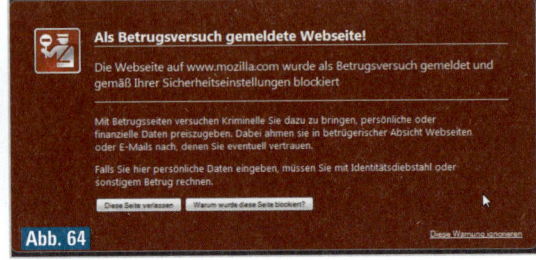

Abb. 64

Phishing

Sehen Sie solche Fenster, so werden Sie vor dem Besuch der Seite gewarnt, da diese Seite bereits bei Firefox als Betrügerseite registriert ist. Diesen Vorgang nennt man Phishing (Seite 115).

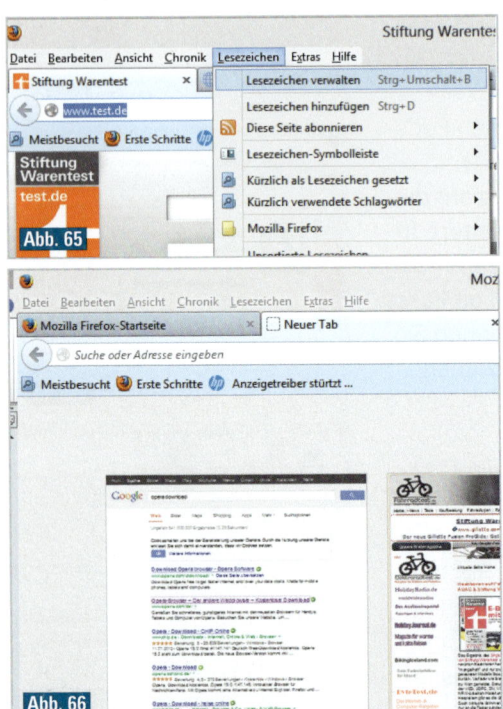

Abb. 65

Abb. 66

Lesezeichen setzen und verwalten

Irgendwann werden Sie sich nicht mehr alle Webadressen merken können. Aber zum
Glück gibt es ja Lesezeichen. In der Menüleiste finden Sie den Eintrag Lesezeichen.
Beim Anklicken öffnet sich ein Menü (welches mit der Zeit sehr lang werden kann).
Hier können Sie ein Lesezeichen setzen, ihre bereits abgelegten Lesezeichen verwalten und ordnen. Gehen Sie dafür auf Lesezeichen verwalten (Abb 65).
Möchten Sie ganz schnell ein Lesezeichen
setzen, können Sie auch auf den gelben
Stern klicken.

Seiten als Tab oder
im neuen Fenster öffnen

Wenn Sie mehrere Seiten gleichzeitig geöffnet haben, können Sie zwischen zwei
Verfahren wählen, wie Ihre Webseiten anzeigt werden sollen: im neuen Fenster oder

im neuen Tab. Jedes neue Fenster führt auch zu einem neuen Register am unteren Bildschirmrand.

Damit dies nicht zu unübersichtlich wird, können Sie auch einzelne Webseiten in Tabs öffnen. Klicken Sie einen Link mit der linken Maustaste an: Ein Menü klappt auf, in dem Sie auswählen können, in welcher Form Sie die neue Seite öffnen möchten, als neuen Tab oder in einem neuen Fenster.

Wenn Sie mit der linken Maustaste auf das kleine + neben dem letzten Reiter klicken, öffnet sich ein neuer, leerer Reiter, in dem die letzten besuchten Seiten in Miniaturform dargestellt werden (Abb. 66). Geben Sie die Webseitenadresse oben ins Adressfeld ein und drücken Sie ⏎ Return.

Erweiterungen (Add-ons) installieren

Ein Grund für die Beliebtheit des Browsers Mozilla Firefox liegt in den vielfältigen Möglichkeiten, Erweiterungen zu installieren. Auf diese Weise kann man den Funktionsumfang deutlich erweitern und sich nebenbei auch noch seinen speziellen Browser „bauen". Die Erweiterungen heißen Add-ons oder Plug-ins.

1 Gehen Sie in der Menüleiste auf den Eintrag Extras_Add-ons (Abb. 67).

2 Ein neues Fenster öffnet sich. Dieses Fenster hat eine Übersicht auf der linken Seite, während auf der rechten Seite empfohlene Add-ons angezeigt werden. Diese Darstellung verändert sich ständig, also nicht wundern, falls es bei Ihnen anders aussieht (Abb. 68).

3 Ein empfehlenswertes Add-on ist zum Beispiel WOT. Es zeigt mit Symbolen an, ob Webseiten sicher sind. Das ist sehr praktisch, um nicht auf Schmuddelseiten zu

Abb. 67

Abb. 68

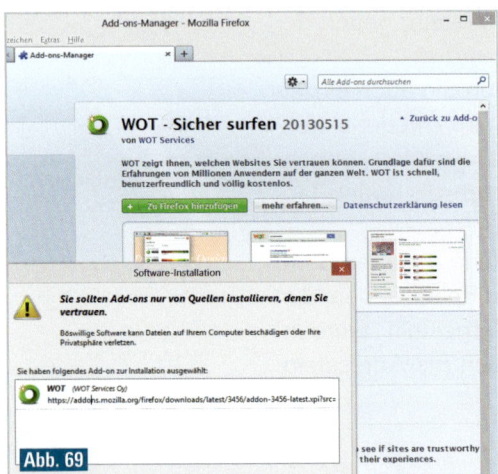

Abb. 69

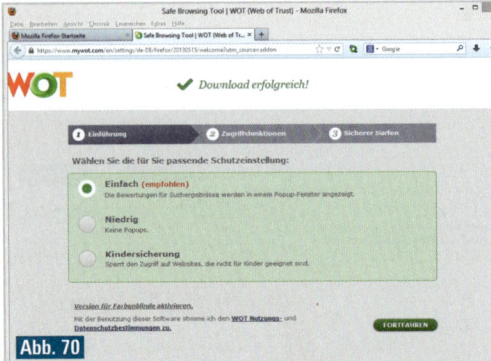

Abb. 70

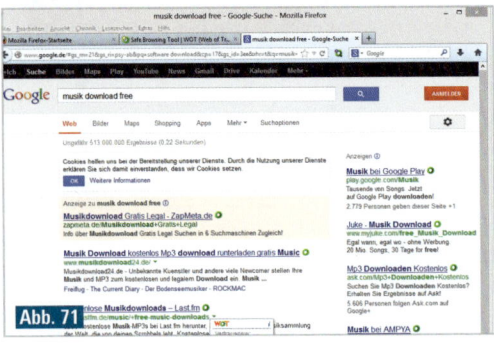

Abb. 71

gelangen, auf denen Gefahren lauern können.

4 Klicken Sie auf das Fenster von WOT. Die Ansicht verändert sich. Sie sehen eine Übersicht, Bewertungen von Benutzern und wann die letzte Aktualisierung ausgeführt wurde. Klicken Sie auf Zu Firefox hinzufügen (Abb. 69).

5 Ein Fenster öffnet sich, das vor der Installation warnt. Klicken Sie auf Jetzt installieren.

6 Noch ein kleines Fenster öffnet sich, in dem Sie aufgefordert werden, Firefox neu zu starten. Nach dem Neustart ist das Add-on installiert.

7 Es öffnet sich automatisch in einem Reiter die Webseite von www.mywot.com. Voreingestellt ist die Option Einfach. Klicken Sie auf Fortfahren (Abb. 70).

8 Die weiteren Fenster können Sie schlicht ignorieren. Sie brauchen kein neues Konto eröffnen – das Add-on wird auch so installiert.

9 Unternehmen Sie einen Versuch: Rufen Sie in einem neuen Fenster die Google-Suchmaschine auf. Wenn Sie jetzt in die Suchmaske einen Begriff eingeben und Return drücken, erscheinen die Ergebnisse mit einem zusätzlichen Symbol. Grün heißt vertrauenswürdig (Abb. 71).

10 Bei einem roten Kreis sollte man vorsichtig sein (Abb. 72). Nicht immer heißt es, dass eine Webseite mit einem roten Kreis

verseucht ist. Es kann auch sein, dass sie einem Hackan-
griff ausgeliefert war, wieder bereinigt wurde und seitdem noch nicht überprüft wurde.

11 Wenn Sie ein Fragezeichen hinter einer Adresse sehen, so hat WOT zu wenig Informationen zur Webseite
(Abb. 73). Auf die Symbole können Sie auch klicken, daraufhin öffnet sich eine Webseite mit mehr Informationen zur Reputation der Webseite.

Das Add-on hat nun einen eigenen Menüpunkt bekommen. Gehen Sie auf Extras_WOT (Abb. 74). Hier können
Sie Einstellungen vornehmen oder es auch deaktivieren.

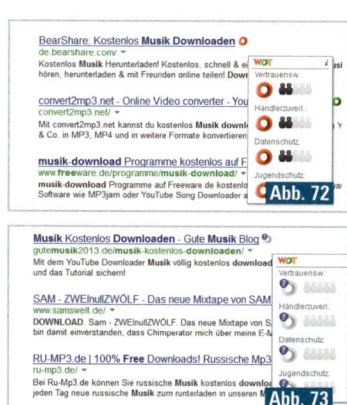

Add-ons und Plug-ins auf
Sicherheitslücken überprüfen

Add-ons und Plug-ins sind beliebt – auch bei bösen Bu-
ben und Mädels, die diese benutzen, um Schadsoftware
einzuschleusen. Man sollte deshalb in regelmäßigen Ab-
ständen überprüfen, ob es nicht eine Aktualisierung gibt,
die eventuell entdeckte Sicherheitslücken gestopft hat.
Gehen Sie dafür auf Extras_Add-ons und im neuen Fenster dann auf den Menüeintrag Plug-ins. Dort sehen Sie
jetzt alle installierten Plug-ins (Abb. 75). Hier können Sie
sie deaktivieren, aber auch überprüfen, ob sie noch aktuell sind. Klicken Sie dafür auf Überprüfen Sie, ob Ihre
Plug-ins aktuell sind.

In einem Fenster sehen Sie eine Übersicht. Dort, wo in
Rot steht Jetzt aktualisieren, sollten Sie sofort handeln.
Bei anderen Plug-ins liegen keine Informationen vor, an-
dere sind aktuell (Abb. 76).

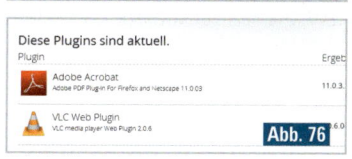

Do-not-track

Wenn Sie möchten, dass Webseitenbeitreiber nicht Ihr
Surfverhalten erfassen, bietet Firefox die Do-not-track-Funktion.
Allerdings ist diese Einstellung freiwillig. Die Webseitenbetreiber
müssen sich nicht daran halten.

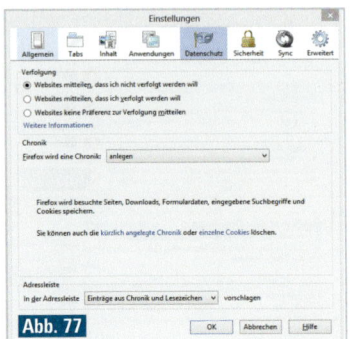

Abb. 77

So stellen Sie die Funktion ein: Gehen Sie auf Einstellungen und dann in dem neuen Fenster auf Datenschutz (Abb. 77). Setzen Sie dort unter dem Punkt Verfolgung ein Häkchen bei Websites mitteilen, dass ich nicht verfolgt werden will. Klicken Sie auf OK und schließen Sie das Fenster.

Sitzungswiederherstellung

Beim Absturz des Rechners oder von Firefox bietet das Programm beim Neustart (meist) die Alternative an, ein neues Fenster zu öffnen oder die alte Sitzung wiederherzustellen. Dieser Vorgang kann allerdings einige Augenblicke in Anspruch nehmen. Wenn Sie die alte Sitzung fortführen möchten, klicken Sie auf Wiederherstellen, möchten Sie von vorne beginnen, so klicken Sie auf Neue Sitzung starten.

Google Chrome

Chrome ist der Browser von Google. In einem rasanten Tempo veröffentlicht Google von seinem Browser eine Version nach der anderen. Auch die hier vorgestellte wird deshalb schnell wieder überholt sein, aber die Funktionen ändern sich in ihrem Grundgerüst nicht so stark.

Die Beliebtheit fußt auf zahlreichen Apps, die das Arbeiten erleichtern, sowie der Möglichkeit für Anwender mit einem Google-Konto, die wichtigsten Einstellungen wie Lesezeichen im Netz abspeichern zu können, sodass bei der Benutzung von mehreren Rechnern überall dieselben Daten vorliegen.

In der Anfangszeit galt Chrome als notorischer Sammler und Weiterverwerter persönlicher Daten und war unter Datenschützer nicht gerade beliebt. Die aktuelle Version erlaubt Einstellungen und Einschränkungen – wenn auch, wo Google draufsteht, wohl nie völlig verhindert werden kann, dass Daten gesammelt werden. Google Chrome können Sie sich von der Webseite von Google herunterladen. Sie müssen den Nutzungsbedingungen zustimmen. Wenn Sie nicht möchten, dass Google Chrome automatisch Statistiken nach Hause schickt, müssen Sie den Haken während der Installation entfernen.

Bei der Installation werden Sie auch gefragt, welche Suchmaschine in die sogenannte Omnibox installiert werden soll (Google, Ask.com oder Bing). Danach installiert sich das Programm von alleine. Sie werden höchstens noch gefragt – soweit Sie Mozillas Firefox benutzen –, ob die Lesezeichen importiert werden sollen.

Die Browseroberfläche

Google Chrome präsentiert sich ähnlich spartanisch wie der Internet Explorer ab Version 9 (Abb. 78).

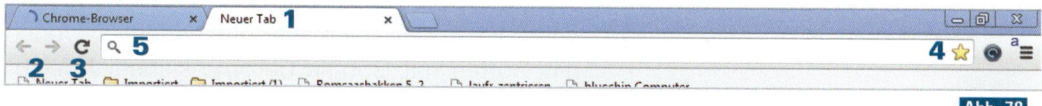

Abb. 78

Es gibt einen Reiter (**1**), zwei Pfeile zur Navigation (**2**), eine Option zum Aktualisieren (**3**) sowie einen Stern (**4**), um Lesezeichen zu setzen. In das weiße Feld mit der Lupe (**5**) tragen Sie die Webadresse ein. Chrome hat eine praktische Funktion: Der Browser schlägt wie bei der Google-Suche bereits beim ersten Buchstaben Webseiten vor, die passen könnten, sei es aufgrund regelmäßiger Besuche oder aus anderen Gründen, wie zum Beispiel Popularität

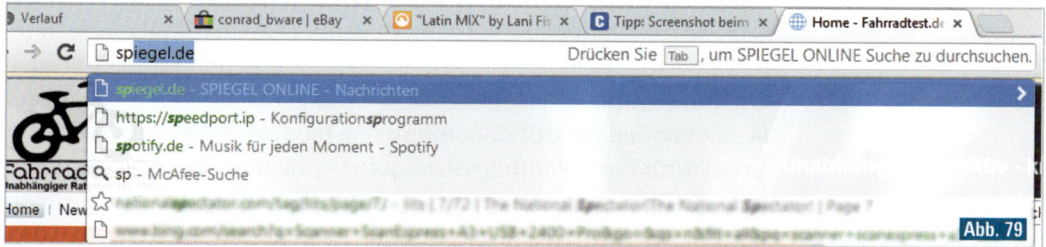

Abb. 79

(Abb. 79). Sehen Sie im Adressfeld rechts auf den Stern, mit dem Sie Lesezeichen setzen können (**4**). Dieser ist ausgefüllt, wenn Sie noch keine Seite aufgerufen haben. Er wechselt zu weiß, wenn Sie

Abb. 80

Abb. 81

eine Seite aufrufen, für die noch kein Lesezeichen gesetzt wurde, und zu gelb, wenn ein Lesezeichen bereits vorhanden ist.

Sämtliche Einstellungsoptionen für Chrome verstecken sich hinter den **drei Balken** ganz rechts (**6**, Abb. 80).

Auf der Startseite werden Ihnen entweder die am häufigsten besuchten Websites in Form einer Bildvorschau der Startseite angezeigt oder kleine Kachelbilder sogenannter Apps. Zwischen den beiden Ansichten können Sie hin und her wechseln (Abb. 82, 83). Bei einer Neuinstallation sind die meisten Bildchen noch leer.

Soweit Sie die Vorstellung des Internet Explorers oder Mozillas Firefox mitverfolgt haben, fällt Ihnen das Surfen mit Google Chrome sicherlich leicht. Denn in den Grundzügen sind sich alle Browser sehr ähnlich. Dies sehen Sie auch, wenn Sie das Drei-Balken-Symbol am oberen rechten Bildrand anklicken und ins Optionenmenü wechseln.

Dort können Sie einige Chrome-interne Einstellungen vornehmen, finden aber auch bekannte Funktionen wie Neuer Tab und Neues Fenster, Ausschneiden, Kopieren, Einfügen, Zoom, Drucken, Suchen und den Verlauf mit der Chronik der besuchten Seiten (Abb. 81).

Optionen und Einstellungen

■ Klicken Sie im Optionenmenü auf Einstellungen und dann auf Erweiterte Einstellungen anzeigen. Das Menü klappt sich auf und ein großes Fenster mit weiteren Einstellungsmöglichkeiten kommt zum Vorschein. Die Optionen stellen Sie zu Beginn am besten folgendermaßen ein:

Anmelden: Das Anmelden bei Chrome macht nur dann Sinn, wenn Sie sowieso ein Google-Konto haben.

Beim Start: Häkchen bei „Neuer Tab-Seite öffnen" gesetzt.

Erscheinungsbild: Keine Häkchen gesetzt.

Suche: Google (oder andere Suchmaschine auswählen).

Nutzer: Keine Änderung notwendig.

Standardbrowser: Das ist Google
Chrome, falls Sie bei der Installation das Häkchen gesetzt haben.

Datenschutz: Häkchen bei den
Optionen „Navigationsfehler mithilfe eines Webdienstes beheben",
„Vervollständigung von Suchan-
fragen und URLs bei der Eingabe
in die Adressleiste verwenden",
„Netzwerkaktionen voraussehen,
um die Ladegeschwindigkeit zu
verbessern", „Phishing- und Mal-
ware-Schutz aktivieren" sowie bei
„Mit Browserzugriffen eine Do Not
Track-Anforderung senden" setzen.

Passwörter und Formulare: Beide Häkchen gesetzt.

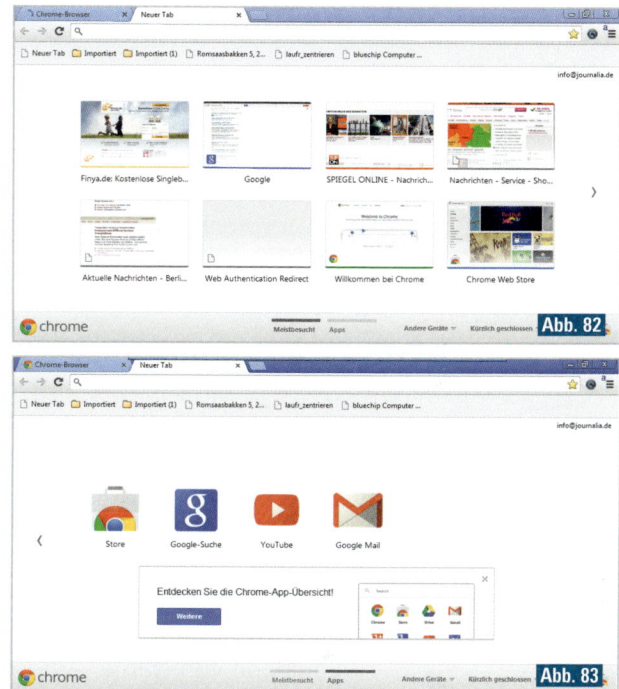

Abb. 82

Abb. 83

Webinhalte: Schriftgröße und Seitenzoom nach Wunsch anpassen.

Netzwerk: Keine Änderung notwendig.

Sprache: Häkchen bei „Übersetzung von fremdsprachigen Seiten
anbieten" gesetzt.

Downloads: Downloadpfad auf einen Wunschordner ändern oder
das Häkchen setzen, um für jeden Download einen Pfad manuell
einzugeben.

HTTPS / SSL: Keine Änderung notwendig.

Google Cloud Print: Keine Änderung notwendig.

System: Beide Häkchen gesetzt.

Die **Do-Not-Track-Funktion** ist bei Chrome relativ neu und bedeutet, dass mit der Aufforderung zum Laden der Seite auch ein
Befehl an den Adressaten gefunkt wird, dass der Benutzer nicht
möchte, dass Daten vom Surfverhalten gesammelt werden. Die

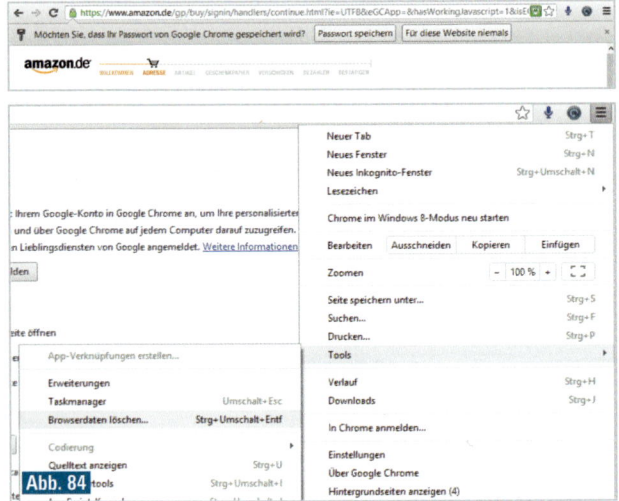

Daten dienen dann beispielsweise dazu, genau zugeschnittene Werbeanzeigen einzublenden oder Produktempfehlungen aussprechen zu können. Leider halten sich nicht alle Seitenbetreiber an den Wunsch des Besuchers und zeichnen trotzdem Statistiken auf. In denen steht dann beispielsweise, von wo aus man zugegriffen hat, welches Betriebssystem man nutzt, welche Seite man zuvor besucht hat, ob man direkt oder über einen Link (zum Beispiel bei Google) auf die Seite gekommen ist.

Die **AutoFill-Funktion** ist ganz praktisch: Wenn man beispielsweise auf einer Formularseite seine Adressdaten eingeben muss, gibt das System Vorschläge zum Auffüllen, sodass man sich das Eintippen von Name, Adresse, Telefonnummer, Postleitzahl oder E-Mail-Adresse spart.

Sehr praktisch ist die Funktion **Fragen, ob Passwörter, die ich im Web eingebe, gespeichert werden sollen**. Man sollte hier einen Haken setzen, so nervt zwar immer bei der Eingabe eines Passwortes eine Einblendung, aber man behält so die Kontrolle darüber, welche Passwörter gespeichert werden.

Man muss wissen, dass alles, was gespeichert wird, auch ausgelesen werden kann. Insbesondere, wenn mehrere den Rechner benutzen oder man oft in öffentlichen Netzen unterwegs ist, sollte die Speicheroption vermieden werden.

■ **Browserdaten löschen:** Gehen Sie auf **Einstellungen_Tools_-Browserdaten** löschen (Abb. 84). Dort öffnet sich ein Fenster, in dem Sie bestimmen können, ob die Browserdaten der letzten Stunde, des Tages, bis hin zu einem Monat oder als Gesamtpaket gelöscht werden sollen (Abb. 85).

Serienmäßig sind die obersten vier Häkchen aktiviert. Die beiden nächsten Punkte in dem Menü könnten noch interessant sein, wenn sie beispielsweise sämtliche Passwörter, die gespeichert worden sind, löschen wollen.

■ **Anonym surfen:** Wenn Sie keine Spuren hinterlassen möchten, beispielsweise, weil es andere Personen nichts angeht, welche Seiten Sie gerne aufrufen, sollten Sie ein Incognito-Fenster öffnen. Gehen Sie dafür rechts auf die Einstellungen und dort auf Neues Incognito-Fenster öffnen (Abb. 86). In diesem Modus werden keine besuchten Seiten (Verlauf), Cookies oder Benutzernamen gespeichert. Allerdings sind Sie weiterhin nicht wirklich anonym im Netz unterwegs. Eine eindeutige ID-Nummer ist weiterhin feststellbar.

■ **Lesezeichen verwalten:** Die abgespeicherten Lesezeichen finden Sie im Lesezeichenmanager. Auch ihn erreichen Sie über das Optionen-Fenster. Gehen Sie dort auf Lesezeichen und dann im sich aufklappenden Fenster auf Lesezeichenmanager (Abb. 87).

Hier finden Sie auf weitere Einstellmöglichkeiten, etwa die Lesezeichenleiste, die unterhalb der Adresszeile eingeblendet wird, oder auch die Möglichkeit, Lesezeichen und Einstellungen zu importieren. Das funktioniert allerdings nur mit dem IE und der Google Toolbar (Abb. 88).

■ **Downloads bei Google Chrome:** Die Downloads werden bei Chrome praktischerweise unten in einer Leiste angezeigt. Rechts finden Sie den Hinweis „Alle Downloads anzeigen". Ein neues Fenster öffnet sich chrome://downloads/ (Abb. 89). Dort finden Sie eine vollständige Liste aller Downloads. Hier können Sie sie anklicken und laden, kopieren oder löschen.

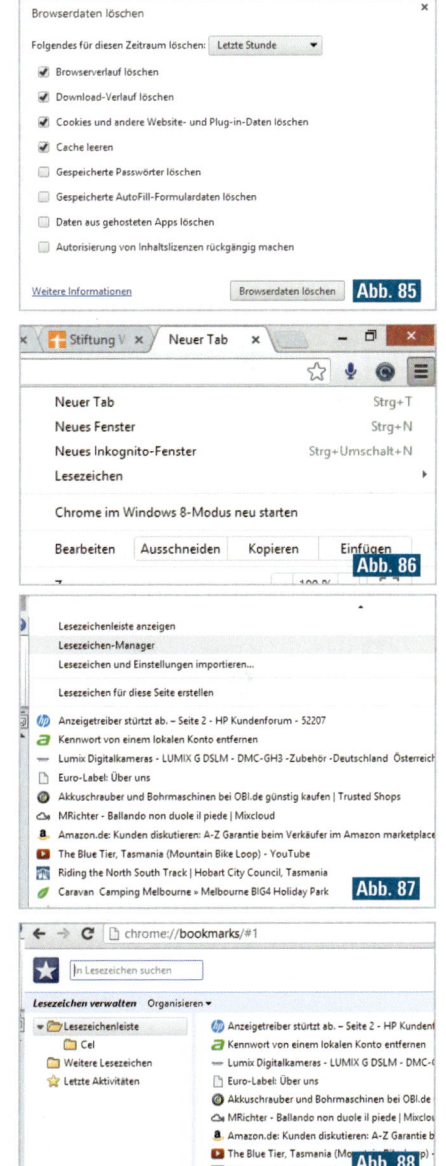

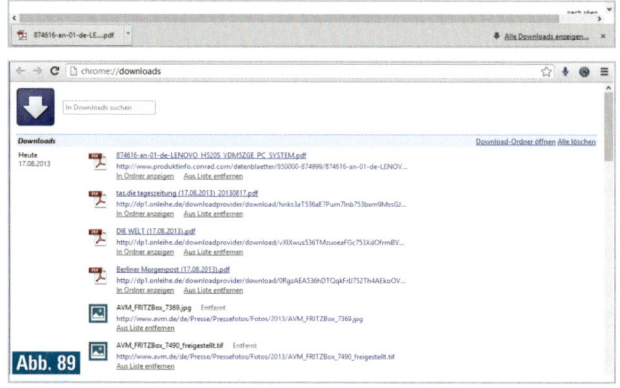

Abb. 89

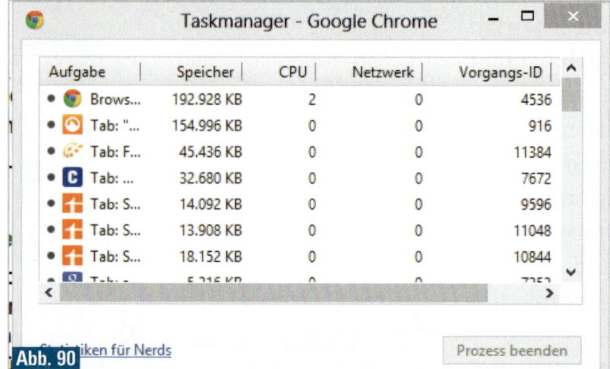

Abb. 90

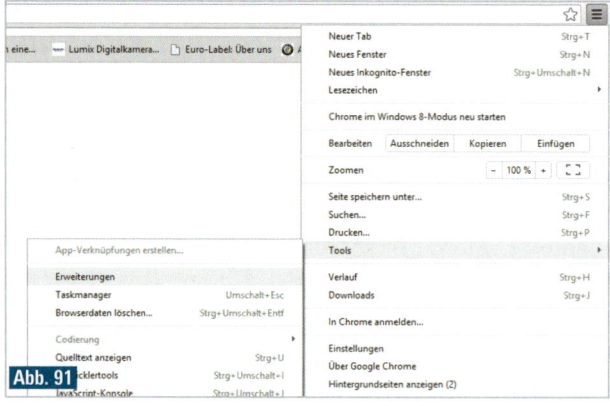

Abb. 91

■ **Tabs:** Das Browsen in verschiedenen Tabs oder Registrierkarten funktioniert nach dem gleichen Prinzip wie beim Internet Explorer und bei Firefox.

■ **Browserfenster gezielt schließen:** Es kann immer wieder vorkommen, dass, wenn Sie mehrere Webseiten über den Registerreiter geöffnet haben, ein Fenster davon einfriert. Dann können Sie es am besten über den Task-Manager von Chrome schließen (nicht zu verwechseln mit dem Task-Manager von Windows). Drücken Sie die Tastenkombination ⇧ + Esc. Es es öffnet sich ein Fenster, in dem Sie die offenen Fenster bzw. Tabs sehen und auch ablesen können, wie viel Arbeitsspeicher von den einzelnen Seiten verbraucht wird (Abb. 90).

Spracherkennung installieren
Seit Version 25 gibt es bei Chrome eine Spracherkennung. Dafür wird lediglich eine Erweiterung (App) gebraucht und natürlich ein Mikrofon. So installieren Sie die Funktion im Chrome-Browser:
1 Klicken Sie auf die Options-Schaltfläche oben rechts und dann auf Tools_Erweiterungen (Abb. 91).

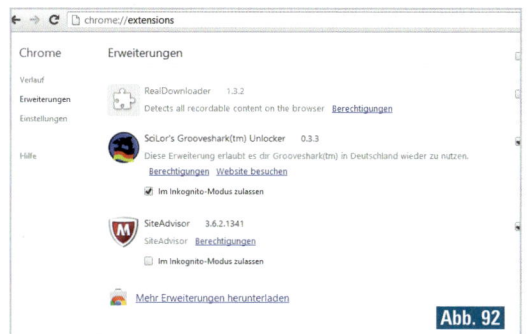

Abb. 92

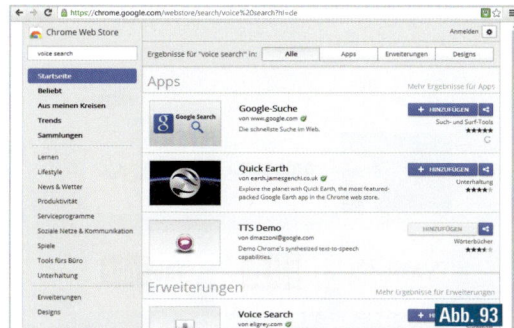

Abb. 93

2 Ein neues Fenster öffnet sich. Dort klicken Sie Mehr Erweiterungen herunterladen (Abb. 92).

3 Der Chrome Web Store öffnet sich. Geben Sie ins Suchfeld „Voice Search" ein (Abb. 93).

4 Klicken Sie danach beim Eintrag Voice Search auf Hinzufügen und im kleinen Fenster nochmals auf Hinzufügen (Abb. 94).

5 Danach erscheint beim Eintrag ein grüner Haken (Abb. 95) und oben neben der Options-Schaltfläche ein Mikrofon (Abb. 96).

6 Wenn Sie darauf klicken, wird die Spracherkennung aktiviert. Sie können jetzt in ein angeschlossenes Mikrofon (Notebooks haben beispielsweise meist ein Mikrofon eingebaut) zum Beispiel die Wörter „Stiftung Warentest" sprechen. Beim Klick auf das Mikrofon können Sie auch aussuchen, was ausgeführt werden soll: etwa den Suchbegriff mit einer der Suchmaschinen oder bei Wikipedia suchen zu lassen (Seite 137, 146).

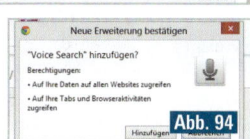

Abb. 94

Abb. 95

Abb. 96

Opera

Ein weiterer Browser ist der Opera. Das Internetzugriffsprogramm aus Norwegen ist nicht so bekannt wie die bereits vorgestellten Browser. Aber vielleicht gefällt Ihnen das Programm optisch und von der Funktionsanordnung am besten. Unter www.opera.com/de können Sie sich die aktuelle Version herunterladen.

Folgen Sie den Installationsanweisungen. Falls Sie bereits einen Browser installiert haben, achten Sie auf die Frage, ob Sie Opera

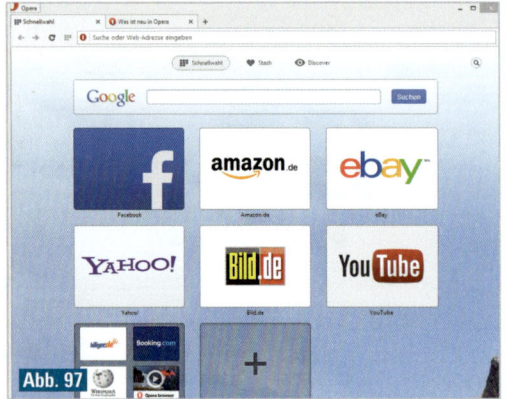

Abb. 97

als Standbrowser einstellen möchten und klicken Sie das Häkchen bei Bedarf einfach weg.

Standardmäßig ist bei Opera die Startseite in ein paar Kacheln eingeteilt. Später, wenn sie selbst Seiten aufgerufen haben, verändert sich das Aussehen. Die Oberfläche von Opera erscheint beim Start sehr aufgeräumt (Abb. 97).

Die Programmleiste

Ohne viel Schnickschnack präsentiert sich die Browseroberfläche. In der oberen Leiste gibt es links vier Symbole: die beiden Pfeile zum Blättern (**1**), die Option, die Seite neu zu laden (**2**), und mit einem Klick auf das nächste Symbol kommt man wieder zurück zur Startseite (**3**, Abb. 97). Gleich daneben gibt man die Internetadresse ein. Darunter sind drei Symbole: Schnellwahl (**4**), Stash (**5**) und Discover (**6**, Abb. 98).

■ Die Option Schnellwahl ist so eine Art Favoritenliste für die Startseite.

1 Wenn Sie beispielsweise die Startseite von test.de in die Schnellwahl aufnehmen möchten, klicken Sie auf das Symbol in der Adresszeile, rechts vom Herzen (Abb. 99).

2 Stiftung Warentest erscheint jetzt auch auf der Startseite mit eigener Kachel. Wenn Sie die Seite wieder entfernen wollen, klicken Sie auf das Kreuz rechts unten neben der Kachel (Abb. 100).

3 Natürlich können Sie auch die anderen Kacheln, die im Auslieferungszustand schon installiert waren, über dieses Verfahren schnell entfernen und Ihre eigene Liste zusammenstellen.

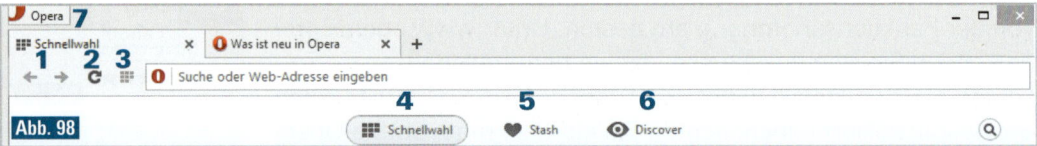

Abb. 98

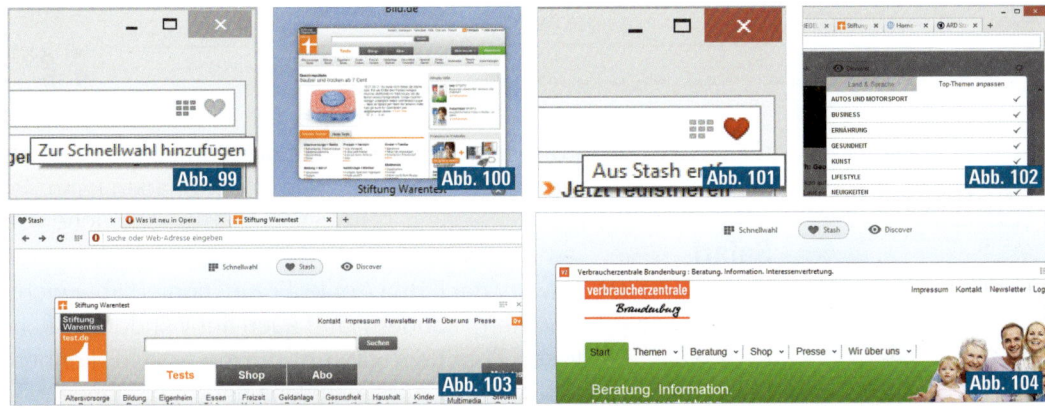

Abb. 99
Abb. 100
Abb. 101
Abb. 102
Abb. 103
Abb. 104

■ **Stash** nennt sich das Herz rechts von der Schnellwahl, es eignet sich, um Webseiten abzuspeichern.

1 Wenn Sie beispielsweise die Seite test.de in den Stash legen, wird das Herz rot (Abb. 101).

2 Klicken Sie jetzt auf der Startseite auf Stash, erscheint die Startseite von test.de in einer Übersicht (Abb. 103).

3 Ein Klick auf das Bild – und Sie kommen wieder direkt auf die Startseite von test.de. Natürlich können Sie dort auch mehrere Seiten aufnehmen (Abb. 104). Ein Klick auf das Kreuz oben rechts – und die Seite wird wieder aus dem Stash entfernt.

■ Das Feld Discover ist so eine Art Nachrichtenseite. Mit einem Klick auf den Artikel werden Sie auf die entsprechende Webseite weitergeleitet (Abb. 102). Wenn Sie auf das Zahnradsymbol im Discover-Feld klicken, können Sie die Top-Themen individuell anpassen.

Einstellungen

Umfangreiche grundsätzliche Einstellungsmöglichkeiten finden Sie mit einem Klick auf das Opera-Logo links oben (**7**). Die Optionen sind denen der anderen Browser ähnlich: Neben Browsen in Tabs finden sich dort die Optionen zu Zoom, Drucken, den eigenen Downloads, dem Verlauf und einen Verweis auf die vielen kos-

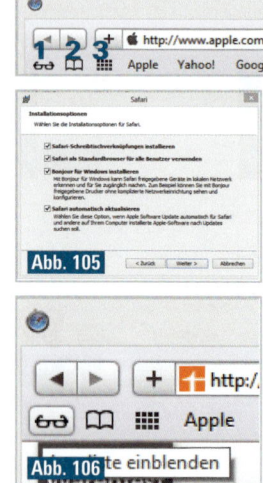

Abb. 105

Abb. 106

tenlosen Erweiterungen, die man sich auf der Homepage des Herstellers zur eigenen Anpassung von Opera herunterladen kann.

Safari

Safari heißt der Browser der Firma Apple. Er funktioniert aber nicht nur auf Apple-Computern, sondern läuft auch auf Windows-Rechnern. Falls Sie dieses Zugriffsprogramm nutzen wollen, können Sie es sich kostenlos von der Applewebseite herunterladen: www.apple.com/de/safari.

Achten Sie bei der Installation darauf, ob Sie wirklich die voreingestellten Optionen wie Desktopverknüpfung und Standardbrowser wünschen, ansonsten sollten Sie die Häkchen entfernen (Abb. 105). Beim ersten Start gelangt man automatisch auf die Apple-Startseite. Die meisten Symbole sind von den anderen Browsern bekannt (Abb. oben). Neu sind die Brille (**1**), das aufgeschlagene Buch (**2**) und das Feld mit 12 kleinen Quadraten (**3**). Im oberen rechten Bereich finden Sie Einstellungsmöglichkeiten für die aktuelle Seite (**4**) sowie über das Zahnradsymbol (**5**) generelle Einstellungen.

■ Ein Klick auf die Brille blendet die Leseliste ein – die „Favoriten" oder „Lesezeichen" bei Safari (Abb. 106). Die ist am Anfang noch leer. Wenn Sie beispielsweise die Seite der Stiftung Warentest in die Leseliste aufnehmen möchten, gehen Sie auf die Seite und dann auf Leseliste einblenden. Ein Feld schiebt sich links in Bild.

Gehen Sie auf Seite hinzufügen: die Seite der Stiftung erscheint dann automatisch in der Liste (Abb 107). Safari speichert Seiten in der Leseliste auf Wunsch automatisch, sodass Sie sie auch offline noch lesen können.

Abb. 107

Abb. 108

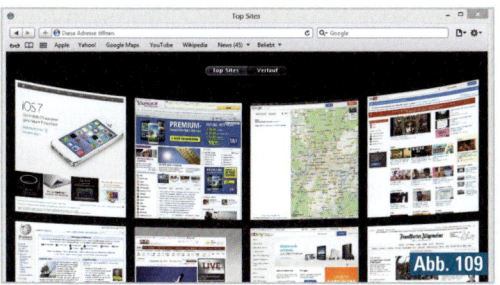
Abb. 109

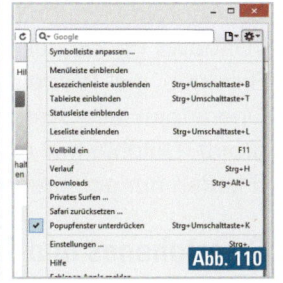
Abb. 110

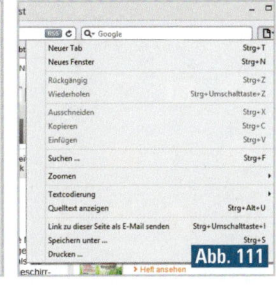
Abb. 111

■ Das aufgeschlagene Buch steht für „Alle Lesezeichen einblenden". Sie bekommen dann eine Übersicht Ihrer Lesezeichen, sowohl grafisch als auch in Form einer Tabelle aufgelistet (Abb. 108).

■ Ein Klick auf die 12 kleinen Quadrate öffnet die Funktion Top-Sites, eine schicke grafische Vorschau Ihrer Lieblingswebsites – beim ersten Mal wird irgendetwas zusammengestellt. Auch eine Suchfunktion wurde integriert. Sie können diese Seite selbst bearbeiten (Abb. 109).

■ Die Einstellmöglichkeiten der aktuellen Seite umfassen Aktionen wie Tabs, Suche, Zoom und Drucken (Abb. 111).

■ Hinter dem Zahnradsymbol verstecken sich die generellen Einstellungen von Safari. Dort können Sie die Seite und ihre Ansicht einstellen: Zum Beispiel die bekannte Menüleiste einblenden, die Symbolleiste anpassen, sich den Verlauf anzeigen lassen und auch in den Modus „Privates Surfen" wechseln (Abb. 110).

MIT SMARTPHONES UND TABLETS SURFEN

Diesen mobilen Geräten ist gemein, dass Sie über einen Touchscreen verfügen, weshalb die Navigation bei diesen Geräten etwas anders als bei einem normalen PC ist. Zwar ist es ein bisschen gewöhnungsbedürftig, aber schnell erlernbar. Gesurft wird auch dort mittels eines Browsers. Die Geräte haben in der Regel bereits einen Browser von Haus aus installiert. So bei Apple (iOS) der Safari,

Abb. 112

bei Android-Geräten (ab Android 4.1 nur) Google Chrome und bei Windows Phone der Internet Explorer. Es gibt aber noch andere Browser, die teilweise auch systemübergreifend funktionieren: Opera mini (alle Systeme), Chrome (auch für iOS), Firefox (für Android), Dolphin (für Android und iOS). Internet Explorer und Safari laufen nur auf ihren Hausbetriebssystemen.

Smartphones und Tablets mit Android 4

Smartphones und Tablets mit dem Betriebssystem Android sind sich in der Funktion, mit der man ins Internet kommt, sehr ähnlich. Wir stellen es hier exemplarisch anhand des Smartphones Samsung Galaxy S4 vor. Während Smartphones meist auch immer die Möglichkeit bieten, sowohl über das Mobilfunknetz als auch über WLAN online zu gehen, ist das bei den Tablet-PCs sehr unterschiedlich. Einige können nur per WLAN ins Internet, andere haben auch einen Einschub für eine SIM-Karte.

Verwenden einer WLAN-Verbindung
1 Ist Ihr WLAN an oder, bei einem fremden Netz, kennen Sie das Passwort? Dann Tippen auf Ihrer Hauptseite auf das Icon Menü und im folgenden Fenster auf Einstellungen (Abb. 112).

Abb. 113

Abb. 114

Abb. 115

Abb. 116

2 Stellen Sie unter Verbindungen das WLAN auf AN (Abb. 113).

3 Tippen Sie dann auf WLAN. Im nächsten Fenster werden Ihnen die verfügbaren Netze angezeigt (Abb. 114).

4 Tippen Sie auf das gewünschte Netz. Geben Sie das Passwort ein (Abb. 115, wo Sie das beim Router finden, siehe Seite 40).

5 Drücken Sie auf Verbinden. Im nächsten Fenster wird Ihnen angezeigt, dass Sie mit dem Netz verbunden sind (Abb. 116).

Um im Internet eine Seite aufzurufen, tippen Sie auf Ihrer Hauptseite auf Internet oder das Symbol Ihres jeweiligen Browsers.

1 Der Browser öffnet sich (Abb 117).

2 Die Ansicht unterscheidet sich je nach Modell und Android-Version. Falls Sie einen schwarzen Bildschirm sehen: Tippen Sie oben links auf Neuer Tab. Der Browser öffnet sich dann (in der Regel mit der Übersichtsseite der meistbesuchen Seiten – diese Felder sind natürlich zu Beginn noch leer). Wenn Sie auf das Adressfeld tippen, blendet sich die Tastatur ein. Jetzt können Sie die Internetadresse eingeben (Abb. 118).

3 Zwischen Adresseingabefeld und Stern eine Art Karteikarten-Symbol. Ein Tipp darauf öffnet den Fenster-Manager mit einer Übersicht der derzeit aktiven Seiten Abb. 119).

Abb. 117

Abb. 118

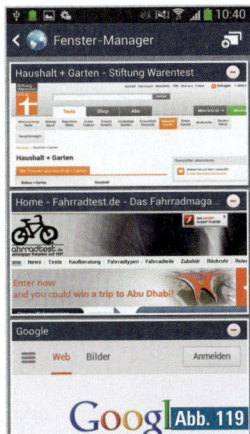
Abb. 119

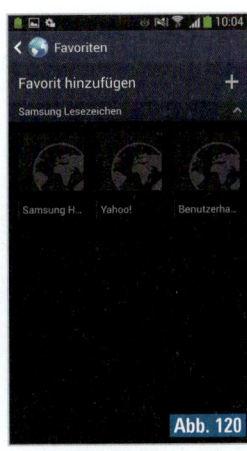
Abb. 120

Abb. 121

Abb. 122

4 Die Adresse der Webseite als Lesezeichen abzuspeichern, geht ganz einfach. Tippen Sie auf den im angeschnittenen Rechteck befindlichen Stern. So gelangen Sie ins Favoriten-Menü (Abb. 120).

Das Tablet Nexus 7 benutzt Google Chrome als Browser. Der bietet noch einige weitere interessante Funktionen:

1 Tippen Sie rechts oben auf die drei Punkte und im sich einblendenden Menü auf Inkognito-Tab. Damit hinterlassen Sie beim Surfen keine Spuren.

2 Vielleicht ist Ihnen bei Chrome im Adressfeld auch schon das kleine Mikrofon aufgefallen. Wenn Sie darauf tippen, können Sie Ihren Suchbegriff ins Telefon oder in den Tablet-PC sprechen. Die Spracherkennung entschlüsselt das gesprochene Wort. Das Ergebnis wird dann in Google angezeigt (Abb. 121, 122).

Verwenden einer Mobilfunkverbindung (GPRS/UMTS)

Wenn Sie die SIM-Karte Ihres Telefonbetreibers ins neue Smartphone legen und das Gerät anstellen, meldet sich im Normalfall die

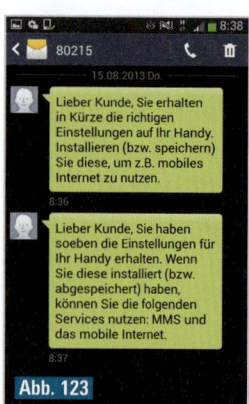

Abb. 123

Abb. 124

Abb. 125

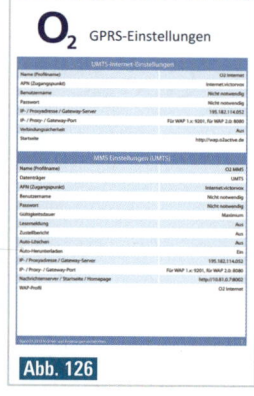

Abb. 126

Telefongesellschaft und schickt Ihnen eine SMS mit den Zugangsdaten zur Konfiguration des Telefons. Die Konfiguration erfolgt automatisch und der Internetzugang steht bereit (Abb. 123). Sollte das
nicht klappen, können Sie die Einstellung auch manuell vornehmen.
1 Gehen Sie auf Einstellungen_Verbindungen_Weitere Einstellungen (Abb. 124).
2 Im neuen Fenster Mobile Netzwerke tippen Sie auf Zugangs-
punkt bearbeiten (Abb. 125). Dort können Sie nun die Einstellung
Schritt für Schritt selbst vornehmen.
3 Für jeden Telefonanbieter unterscheiden sich freilich die Angaben. Hier wird es am Beispiel von O2 gezeigt (Abb. 126). Die Zugangsdaten bekommt man auf der Webseite des Telefonanbieters. Übertragen Sie die Daten, dann müsste es klappen.
4 Eine Internetseite rufen Sie jetzt einfach auf, indem Sie auf dem
Startbildschirm auf das Icon Internet oder Ihr jeweiliges
Browsersymbol tippen. Vermutlich werden Sie dann gleich zur
Startseite des Mobilfunkbetreibers weitergeleitet.

iPhone und iPad mit iOS 7
Auf beiden Geräten läuft inzwischen das Betriebssystem iOS 7. In
der Menüführung bestehen nur durch die unterschiedliche Bild-
schirmgröße geringe Unterschiede.

Abb. 127

iPhone und iPad –
Internetverbindung über WLAN
1 Tippen Sie auf der Startseite auf Einstellungen (Abb. 127). Tippen Sie dort auf
WLAN und aktivieren Sie die Option
WLAN, das Feld beim Schieber wird grün
(Abb. 128).
2 Jetzt werden alle in Reichweite verfügbaren WLAN-Netze gesucht und angezeigt. Wählen Sie das Netzwerk aus, mit
dem Sie sich verbinden möchten. Geben
Sie – falls erforderlich – das Kennwort ein

Abb. 128

Abb. 129

Abb. 130

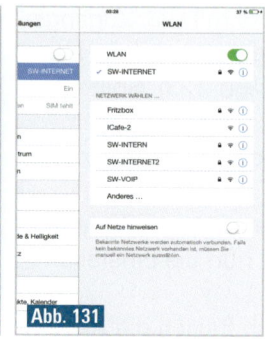

Abb. 131

(Abb. 129). Anschließend steht ein Häkchen neben Ihrem Netzwerk (Abb. 131).

3 Kehren Sie zur Startseite zurück. Tippen Sie auf das Icon Safari: Der Browser öffnet sich.

iPhone und iPad – Internet über das Mobilfunknetz

1 Tippen Sie beim iPhone auf Einstellungen_Mobiles Netz, beim iPad auf Einstellungen_Mobile Daten (Abb. 130).

2 Im nächsten Fenster aktivieren Sie den Schieber von Mobile Daten, das Feld wird grün (Abb. 132). Ist der Schieber ausgeschaltet (grau), findet eine Datenverbindung nur über WLAN statt.

3 Weiter unten im gleichen Fenster tippen Sie auf Mobiles Datennetzwerk.

4 Nun befinden Sie sich im APN-Menü. Geben Sie dort die Daten Ihres Telefonanbieters ein. Bei der Telekom zum Beispiel: internet.telekom, bei E-Plus: internet.eplus.de. Bei Benutzername tragen Sie den Namen Ihres Telefonanbieters ein, zum Beispiel t-mobile oder eplus, im Feld Kennwort bei der Telekom: tm, bei E-Plus: eplus. Für andere Anbieter erfragen Sie diese Angaben bitte beim Anbieter (Abb. 133). Kehren Sie zurück zur Startseite.

5 Schalten Sie das iPhone bzw. das iPad aus, und starten Sie es neu. Damit werden die Einstellungen aktiviert.

6 Falls es Probleme gibt, überprüfen Sie die richtige Eingabe der Daten und ob für das iPhone bzw. das iPad Softwareupdates vorliegen: Einen Hinweis darauf finden Sie unter Einstellungen_Allgemein_Softwareaktualisierungen.

Abb. 132

Abb. 133

Windows 8 Phone

Smartphones mit Windows 8 sind von Haus aus so eingestellt, dass sie – falls vorhanden – eine WLAN-Verbindung bevorzugen. Ansonsten verbinden sie sich über das Mobilfunknetz.

Windows Phone – WLAN-Verbindung

1 Streichen Sie nach links. Tippen Sie in den Appübersichten auf Einstellungen_WLAN. Steht es auf Ein (Abb. 134–136)?
2 Das Smartphone sucht nach möglichen WLAN-Verbindungen. Diese werden dann nach ihrer Signalstärke sortiert angezeigt.
3 Wählen Sie die gewünschte WLAN-Verbindung aus und geben Sie das Kennwort ein (Abb. 137).
4 Ist die Verbindung hergestellt, erscheint im Display Verbunden. Unter Einstellungen_WLAN finden Sie das ausgesuchte Netz.

Windows Phone – Datenverbindung

1 Streichen Sie auf der Startseite nach links und tippen sie im neuen Fenster auf Einstellungen_Mobilfunk.
2 Stellen Sie unter Datenverbindung die Anzeige auf Ein.
3 Achten Sie eine Zeile tiefer darauf, dass unter Datenroamingoptionen Kein Roaming steht – vor allem im Ausland (Abb. 138).

Abb. 134

Abb. 135

Abb. 136

Abb. 137

EINSTELLUNGEN
Mobilfunk

Aktives Netzwerk
disco

Datenverbindung

Ein

Aus

Datenroamingoptionen
Kein Roaming

Wenn Sie in einen Roamingbereich kommen, wird die Datenverbindung getrennt.

Höchste Verbindungsgeschwindigkeit

Abb. 138

INFO **Daten-Roaming im Ausland**

Roaming bedeutet, in einem fremden Netz (etwa im Ausland) Daten zu empfangen und zu senden. Solche Tarife sind meist sehr teuer. Besonders, wenn ein paar Programme im Hintergrund ständig Daten nachladen möchten, kann das zur Kostenfalle werden. Die Datennutzung im Ausland sollte eigentlich standardmäßig ausgestellt sein – aber schauen Sie einfach mal nach (dort findet man auch die Einstellung, falls man das Datenroaming einstellen möchte):

Android: Einstellungen_Drahtlos & Netzwerke_Mobile Netzwerke: Häkchen setzen oder entfernen.

iPhone: Einstellungen_Allgemein_Netzwerk: Datenroaming per Schieberegler aus- oder einschalten.

Windows-Phone: Auf der Startseite oben rechts auf den Pfeil tippen, dann unter Einstellungen_Mobilfunk_Datenroamingoptionen. Dort „Kein Roaming" einstellen.

Wer im Ausland online gehen will, sollte sich entweder ein Reisepaket bei seinem Provider besorgen, das eine bestimmte Anzahl an Datenverkehr erlaubt (z. B. 1 GB). Passen Sie auf, was passiert, nachdem das Paket aufgebraucht ist: Wird man gesperrt oder zahlt man drauf? Praktisch und viel billiger ist es, sich im Ausland eine SIM-Karte zu besorgen – falls das eigene Telefon keinen SIM-Lock besitzt.

Windows RT für Tablets

Windows RT ist ein besonderes Betriebssystem, dass nur auf Tablet-PCs von Windows (z. B. „Surface") läuft. Es gibt hier keine Maus, alle Funktionen führt man durch Wischen und Tippen aus. Ins Internet kommt man über einen WLAN-Anschluss.

1 Gehen Sie auf die Kachel Desktop, um ihn zu öffnen (Abb. 139).

2 Unten rechts, recht klein, sehen Sie eine Feldstärkeanzeige (Abb. 140). Tippen Sie darauf und Ihnen werden alle verfügbaren WLAN-Anschlüsse in der Umgebung angezeigt (Abb. 141).

3 Tippen Sie auf den Anschluss, mit dem Sie sich verbinden lassen möchten. Entscheiden Sie sich, ob Sie sich zukünftig automatisch verbinden lassen möchten. Nur im Heimnetz ist das sinnvoll. Ansonsten entfernen Sie das Häkchen und tippen auf Verbinden.

4 Geben Sie im nächsten Fenster Ihren Netzwerkschlüssel ein. Im Heimnetz ist dies die Nummernkolonne, die Sie auf der Rückseite des Routers finden.

5 Im nächsten Fenster werden Sie gefragt, ob Sie das WLAN teilen möchten. In öffentlichen Netzen tippen Sie auf Nein, im Heimnetzwerk auf Ja.

6 Zum Surfen tippen Sie unten auf das Symbol des Internet Explorers. Die Bedienung wird ab Seite 61 beschrieben.

7 In den Windows-Store gelangen Sie durch tippen auf die Kachel Store. Dort können Sie durch Wischen nach links das Angebot durchgehen. Achten Sie auch auf Updates: Sind neue verfügbar, wird Ihnen dies oben rechts angezeigt: In unserem Fall sind 17 Updates verfügbar (Abb. 142).

8 Tippen Sie auf die Anzeige, dass Updates verfügbar sind. Nun wird Ihnen eine Übersicht mit Updates angezeigt. Entscheiden Sie selbst, ob Sie diese Updates ausführen möchten. Meist ist es empfehlenswert, da so entdeckte Sicherheitslücken in den auf Ihrem Tablet vorhandenen Programmen geschlossen werden. Hin und wieder steht auch ein kleineres oder größeres Windows-Update an. Nach der Auswahl und Bestätigung übernimmt Windows den Download und die Installation.

Abb. 139

Abb. 140

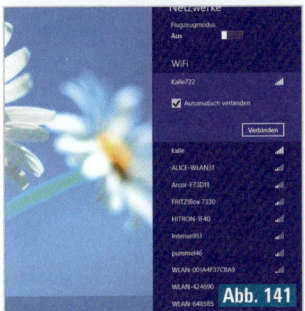

Abb. 141

Abb. 142

SICHER IST SICHER

Der Computer ist eingerichtet, das Netzwerk steht. Das Internet ist nur einen Klick entfernt. Doch genauso nah lauern Viren, Würmer und Trojaner. Fürs Surfen baut man sich deshalb am besten einen Schutzzaun. Doch letztendlich ist der eigene Computer immer nur so sicher wie die Person, die ihn benutzt.

GRUNDKURS INTERNETSICHERHEIT

Über die im Internet lauernden Gefahren wird viel gesprochen und geschrieben. Ein Teil davon ist wahr, es gibt tatsächlich Betrügereien im Netz. Es geht um Ihren Schutz vor Betrug und darum, dass Ihre persönlichen Daten einem nicht immer wohlwollenden Teil der Öffentlichkeit nicht zugänglich gemacht werden.

DIE WICHTIGSTEN GRUNDREGELN, UM SICH ZU SCHÜTZEN

Ein Computer muss vor elektronischen Angriffen geschützt sein (beispielsweise durch Antivirenprogramme, die es für die private Nutzung sogar gratis gibt; siehe Seite 118).
Aktualisieren Sie Schutzprogramme am besten täglich, und stopfen Sie Sicherheitslücken auf Ihrem Rechner (wöchentlich auf Windows-Updates prüfen).
Der wichtigste Schutzzaun freilich ist Ihr gesundes Misstrauen: Klicken Sie niemals ohne nachzudenken auf „OK", wenn Ihnen explizit Ihre Zustimmung (wofür auch immer) abverlangt wird oder ein von Ihnen gar nicht gesuchtes vorgebliches Sicherheitsupdate eingespielt werden soll.

Halten Sie Passwörter prinzipiell geheim; geben Sie nur die persönlichen Daten (Wohnanschrift, Alter, Telefonnummern ...) an zuverlässige Personen und seriöse Anbieter weiter, soweit diese sie brauchen. Es hilft alles nichts: Sie müssen aufpassen und dürfen im Zweifel nicht auf jede verlockende Offerte eingehen. Das ist im Internet wie im richtigen Leben.

Die Gefahren im Visier

Wir müssen erst einmal verstehen, aus welcher Richtung die Gefahren drohen. Sehr informative Beiträge zu diesem Thema gibt es zum Beispiel unter den Suchbegriffen „Computervirus" und „Computerwurm" im Onlinelexikon Wikipedia (www.wikipedia.de) sowie unter der Adresse www.heise.de/security/dienste/antivirus. Heise ist ein renommierter Computerverlag. Den hier offerierten Hinweisen kann man also Vertrauen schenken. Hier finden sich außerdem Links zu den Herstellern von Antivirensoftware. Aber schnuppern Sie auch hin und wieder in den entsprechenden Redaktionen der online verfügbaren Periodika wie Spiegel (Netzwelt), Süddeutsche (Digital), Faznet (Computer) und Focus (Digital). Auch unter www.test.de gibt's hilfreiche Tipps und aktuelle Tests. Es gibt leider viele Wege, wie man seinen Rechner infizieren kann:

■ **Drive-by-Downloads:** Sie stellen derzeit die größte Gefahr dar. Dabei handelt es sich um Schadprogramme, die sich Nutzer beim Besuch von Seiten einfangen können, die manipuliert worden sind. Dafür muss man noch nicht einmal etwas angeklickt haben. Es reicht, dass die Seite aufgerufen wurde. So gelang es Hackern, Schadsoftware in die Felder einzuschleusen, in denen automatisch die Werbung eingeblendet wird. Möglich wird dies, indem Sicherheitslücken in Browsern oder den Zusatzprogrammen wie Flash, Java und Adobe Reader ausgenutzt werden. Dagegen schützen kann man sich nicht wirklich. Man sollte aber darauf achten, immer die aktuellste Version des Betriebssystems zu haben und dessen Updates sofort auszuführen, statt es auf später zu verschieben.

■ **Trojaner und Würmer:** Neben Schädlingen wie Viren, die den Rechner angreifen, seine Funktionen durcheinanderbringen oder gar zerstören wollen, gibt es auch „Würmer". Die können zum Beispiel Daten elektronischer Adressbücher auslesen oder sich als „unschuldige" Dateianhänge an Mails heften und sich damit lawinenhaft verbreiten.

Zu nennen sind überdies die „Trojaner", benannt nach dem in der Antike von den Griechen konstruierten „Trojanischen Pferd": Das sind Programme, die einen Nutzen versprechen, die aber verborgen im Hintergrund den Nutzer ausspähen.

Waren früher so gut wie alle Schädlinge darauf ausgelegt, mit dem Nutzer teils üble Späße zu treiben, geht es heute oft vorrangig um den Datenklau – meist aus wirtschaftlichen Gründen. Obenan auf der Suchliste der Schadprogramme stehen Zugangsdaten und Passwörter, die beim Onlinebanking oder beim Einkauf im Netz eingetragen werden. Zwar nehmen seriöse Internetanbieter ihre Sicherheitsvorkehrungen sehr ernst, doch wächst die Zahl der neuen Angriffe auf Lücken und Einfallstore beständig.

■ **Phishing:** Ein Kunstwort für „Passwort fishing" – hierbei versuchen Betrüger, offizielle Seiten oder Mail-Zusendungen seriöser Anbieter detailgetreu nachzuahmen (Abb. 1). Wenn der gutgläubige Nutzer dann seine Daten in die gefälschte Seite eingetragen hat, werden sie schnell von deren Urhebern missbraucht.

Die Betrüger spekulieren dabei gerne auf Tippfehler. Die Trittbrettfahrer kaufen sich sehr ähnliche Webadressen und kopieren das Aussehen des Originals. Geben Sie dort beispielsweise eine Bestellung auf oder führen eine Banktransaktion aus, landen Ihre Daten bei den Betrügern. Im

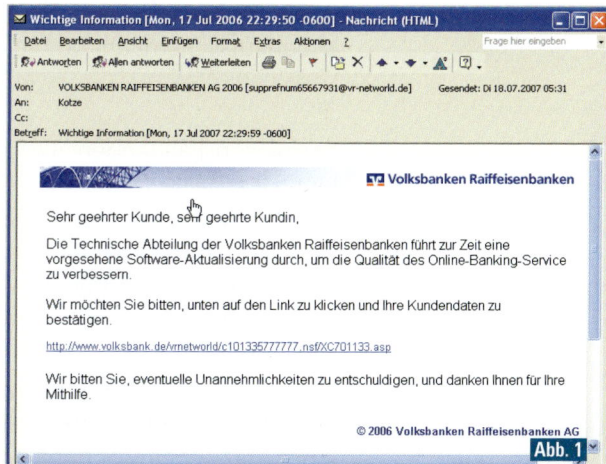

Abb. 1

TIPP **Mitdenken im Internet**

■ Antworten Sie nie auf E-Mails einer Ihnen nicht bekannten Bank. Auch bei Ihrer Hausbank seien Sie vorsichtig, wenn Sie aufgefordert werden, beispielsweise Ihre Kontonummer oder gar Passwörter einzugeben. Banken machen dies grundsätzlich nicht.

■ Klicken Sie in einer E-Mail eines Ihnen fremden Absenders nie auf Links.

■ Achten Sie auf eine sichere Verbindung, zu erkennen an den Buchstaben https:// am Anfang der Webseite. Am unteren Rand des Internet-Zugriffsprogramms müssen Sie zudem ein kleines Schlosssymbol sehen.

■ Überprüfen Sie in Ihrem Internet-Zugriffsprogramm die Einstellungen zum Phishing.

■ Im Mozilla Firefox schauen Sie unter Extra_Einstellungen_Sicherheit nach, ob links von den Einträgen „Webseite blockieren, wenn sie als Attackierung gemeldet wurde" und „Webseite blockieren, wenn sie als Betrugsversuch gemeldet wurde" Häkchen gesetzt sind.

■ Beim Internet Explorer gehen Sie auf Extras_Internetoption_Sicherheit. Im Zonenbereich „Eingeschränkte Sites" schauen Sie nach, ob die Sicherheitsstufe auf „Hoch" steht.

---

harmlosen Fall landen Sie „nur" auf einer Pornoseite, die davon lebt, dass viele Menschen sich vertippen. Auch bei einer E-Mail können Sie sich vertippen. So wird beispielsweise die Mail mit der Adresse support@microsft.com (anstelle von support@microsoft.com) an einen Betrüger gesendet, der dann Ihre Mailadresse möglicherweise für Attacken mit Werbemails, sogenanntem Spam, nutzt.

Gegen Phishing helfen gesunder Menschenverstand und eine Prise Misstrauen. Banken, Onlineshops und Bezahldienste würden ihre Kunden niemals per E-Mail auffordern, sensible Daten erneut einzugeben. Verdächtige Mails nie so einfach öffnen, schon gar nicht auf den Anhang klicken.

■ Bot-Netze: Sie sind ein riesiges Netz von Computern. Diese Computer sind aber nicht freiwillig Mitglied in diesem Netzwerk geworden, sondern wurden gekapert. Ein Botmaster spielt den Dirigenten und bestimmt die Aktionen. So können auf diese Weise Spam- und Phishing-Mails massenweise verschickt werden, aber auch durch massenhafte gleichzeitige Anfragen das Rechenzentrum eines Unternehmens lahmlegen. Gegen Botnetze helfen Antivirenprogramme und eine gute Firewall. Auf der Webseite www. botfrei.de kann man überprüfen, ob der eigene Rechner zum Botnetz gehört und ihn auch von Schadsoftware bereinigen lassen.

■ Scareware: Diese Viren verbreiten Angst und Schrecken und die Cyberkriminellen spekulieren darauf, dass manch einer auf den Trick reinfällt. Hier geht es in erster Linie um Geld. Es wird ein Virenbefall vorgetäuscht oder behauptet, eine illegale Musikdatei sei auf Ihrem Rechner gefunden worden. Nun könne der komplette Rechner durch den Virus lahmgelegt bzw. man rechtlich belangt werden. Erst gegen eine Zahlung von 50 oder 100 Euro werde man angeblich Hilfe erhalten. Die gefälschten Seiten sind sehr gut gemacht, mit Logos von BKA, Landeskriminalämtern oder auch der GEMA. Auf solche Erpressungsversuche sollte man sich keinesfalls einlassen, sondern den Rechner auf Virusbefall überprüfen (lassen) und schlimmstenfalls neu aufsetzen.

■ Keylogger: Das sind Aufzeichnungsprogramme, mit denen Unbefugte mitlesen können, was Sie auf der Tastatur eingeben. Einige Internetsecurityprogramme (wie Bitdefender mit Safepay oder Kapersky mit Safe Money) bieten eine virtuelle Tastatur an. Diese eignet sich besonders für Onlinebanking und Onlineshops, denn so können keine Passwörter ausspioniert werden.

Was hilft wie?

Schon der Router ist ein Helfer gegen allzu plumpe Angriffe von draußen. Im Verlauf der Installation (siehe Seite 38) haben Sie seine Firewall eingeschaltet, das heißt: Wer von draußen einfach

„anklopft", wird abgewiesen. Der Router wird nur noch dann als Verbindungsglied zwischen dem Netz und Ihrem Rechner aktiv, wenn er von Programmen Ihres Computers dazu aufgerufen wird. Auch der Virenschutz ist auf der Hut, wenn Sie dabei sind, Gefährliches auf Ihren Rechner zu laden oder es von dort zu starten.

Die Gratisprogramme Ad-Aware und Spybot suchen nach Spionageprogrammen, die Sie sich womöglich doch auf Ihren Computer gezogen haben und die wichtige Daten (oder auch nur Ihr Surfverhalten) nach draußen melden möchten.

Abb. 2

Eine Software-Firewall wie ZoneAlarm hilft Ihnen während des Surfens, nur ganz bestimmten Programmen den Weg nach draußen zu gestatten. Jeder, der hinauswill, muss sich (beim ersten Mal) anmelden und Sie um Erlaubnis fragen.

Der Schutz bei Windows 7 und 8

Mit Windows 8 hat Microsoft einen kompletten Virenschutz installiert. Das Programm heißt Defender. Windows 7 kennt auch ein Programm mit diesem Namen, dort ist es nur als Spionagesoftware zuständig. Das neue Programm bei Windows 8 ist erstmalig ein vollständiges Sicherheitspaket.

Nutzer von Windows 7 sollten sich einmal die Firewall-Einstellungen anschauen. Sie erreichen die über Startmenü_Systemsteuerung (Abb. 2). Im öffnenden Fenster sehen Sie ganz unten „Windows Firewall". Auch ältere Windows-Versionen verfügen über eine Firewall. Sie finden die Funktion in Systemsteuerung_Sicherheitscenter. Dort kann man die Funktionen der Firewall einschränken oder deaktivieren.

Antivirenprogramme

Antiviren-Schutzprogramme gibt es zuhauf, und alle versprechen Sicherheit. Man kann aber von keinem Programm jederzeit einen hundertprozentigen Schutz erwarten. Dazu ist die Masse der Angreifer einfach zu groß. Aber es reicht immerhin oft für die weitverbreiteten Schädlinge, und das hilft schon immens.

Die Programme unterscheiden sich nicht nur in ihrer Qualität, sondern auch im Preis, in der Bedienbarkeit und in der Prozessorlast, die sie dem Rechner bei ihrer Arbeit aufbürden. Kommt ein Einsteiger damit klar, verfügt aber auch der Fortgeschrittene über genügend „Stellschrauben", um sich die benötigten Parameter zusammenzustellen? Und verursacht das Update über einen längeren Zeitraum hinweg Kosten?

Windows 8 liefert mit der Microsoft Security Essentials auch ein kostenloses Virenschutzprogramm mit, dass aber im Vergleich mit anderen kostenlosen Programmen von Avira, Avast! und AVG nur mit „ausreichend 3,8" abschnitt (Heft 04/2013).

Der Hersteller Avira bietet sein Programm AntiVir in einer „abgespeckten" Version für die private Nutzung unentgeltlich an. Auch im Test von Stiftung Warentest machte das kostenlose AntiVir eine gute Figur (Note 2,1), sodass man sich darauf verlassen kann.

AntiVir installieren

AntiVir findet man oft auf Programm-CDs der Computerzeitschriften. Sollten Sie über keine CD/DVD verfügen, können Sie es sich auch aus dem Internet laden. Die Portale der großen Computerzeitschriften wie c't, Computerbild und Chip bieten ihren Lesern die stets aktuellen Versionen (virengeprüft) zum kostenlosen Download an. Geben Sie beispielsweise in die Google-Suchmaske Computerbild AntiVir Download ein, werden Sie schnell den richtigen Link finden.

1 Laden Sie das Programm herunter.

2 Sie finden die avira_free_antivirus.exe-Datei im Download-Ordner. Je nach Browser meist unten links am Bildschirmrand eingeblendet (Abb. 3).

3 Doppelklicken Sie auf die Exe-Datei. Klicken Sie im nächsten Fenster auf Ausführen. Nach zwei weiteren Schritten wird das Programm herunter-

Abb. 3

Abb. 4

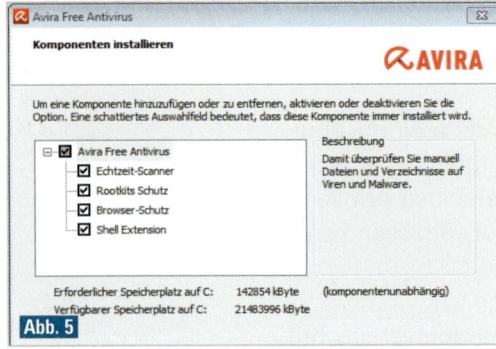

Abb. 5

Abb. 6

geladen. Avira sucht dann nach inkomtabiler Software. Auch dies kann einen Moment dauern.

4 Folgen Sie den weiteren Anweisungen auf dem Bildschirm (Abb. 4).

Wählen Sie, wenn gewünscht, anstatt der Expressinstallation die Variante Benutzerdefiniert (wir zeigen hier die benutzerdefinierte Variante). Auf beiden Wegen stimmen Sie den Endbenutzer-Lizenzbedingungen zu.

5 Klicken Sie beide Male auf Weiter. Der angebotene Ordner für die Installation ist meist okay. Klicken Sie nochmals auf Weiter und die Komponenten werden installiert (Abb. 5).

6 Beachten Sie im nächsten Fenster den Hinweis zur Installation einer Toolbar. Das ist geschickt gemacht, denn der Hinweis erscheint nur in Englisch. Diese Toolbar ist nicht empfehlenswert, verweigern Sie deren Installation („Cancel", Abb. 6). Sie versucht sich übrigens noch einmal viel später zu installieren. Klicken Sie auch dort unbedingt auf Nicht aktivieren (Abb. 7).

7 Hinweis: Betrachten Sie das Symbol in der Taskleiste genauer: Dass der Schutz aktiv ist, erkennen Sie bereits daran, dass der Schirm aufgeklappt ist. Deaktivieren Sie ihn, faltet er sich zusammen.

Das Status-Fenster von Avira zeigt Ihnen die wichtigsten Daten: Welche Programm-

Abb. 7 -On „Avira SearchFree Toolbar plus Web Protection" von „APN LLC" kann jetzt verwendet werden.   Aktivieren   Nicht aktivieren   ×

version installiert ist, von welchem Datum die Virenschutzdefinitionen stammen, wann Sie die jüngste Systemprüfung vorgenommen haben. Und vor allem, ob der Guard aktiviert ist, der den Rechner im Hintergrund ständig nach Schädlingen durchforstet und vor Infektionen warnt. Sie sehen auch, ob Ihr Computer sicher ist. Dort steht jetzt noch „…ist nicht sicher.". Denn wir haben das Programm ja noch nicht konfiguriert.

Schließen Sie deshalb dieses Fenster. Der Konfigurationsassistent wird wieder sichtbar.

Konfiguration

AntiVir ist von Hause aus gut für den sofortigen Einsatz eingestellt. Dennoch sollten Sie zu Beginn die Konfiguration durchführen.

1 Bei der AHeAD Heuristik belassen Sie es am besten bei der Erkennungsstufe mittel (Abb. 8). Die höhere Stufe ist zwar besser, aber Sie müssen auch in der Lage sein, Fehlalarme von echten Befunden unterscheiden zu können. AHeAD steht für „Advanced Heuristic Analysis and Detection" und ist ein Rechenvorgang, bei dem Schadsoftware erkannt wird, noch bevor ein Programmupdate verfügbar ist. Allerdings kommt es auch zu Fehlalarmen, deshalb lieber die mittlere Erkennungsstufe beibehalten.

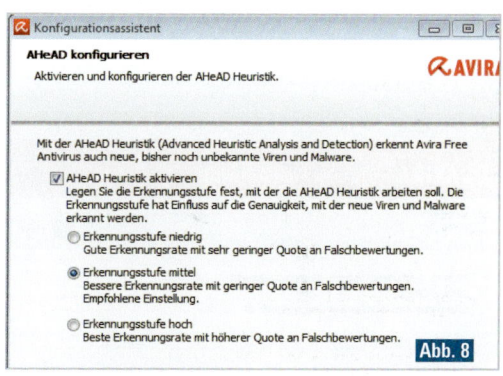

Abb. 8

2 Im nächsten Fenster können Sie die Gefahrenkategorien auswählen. Sie sehen, dass in der Voreinstellung nicht alle Häkchen gesetzt sind. Als Standardsurfer lassen Sie alles wie es ist und klicken auf Weiter (Abb. 9).

3 Im nächsten Fenster geht es um den Startmodus. Lassen Sie es auch hier beim

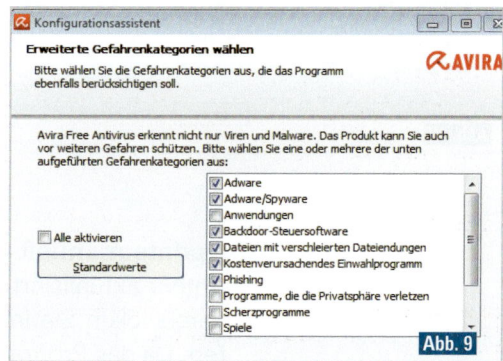

Abb. 9

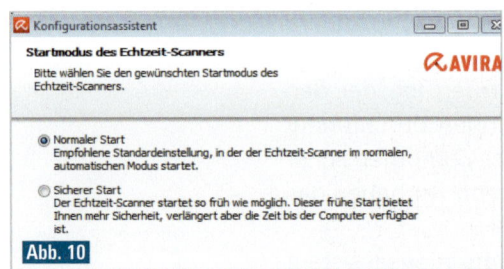

Abb. 10

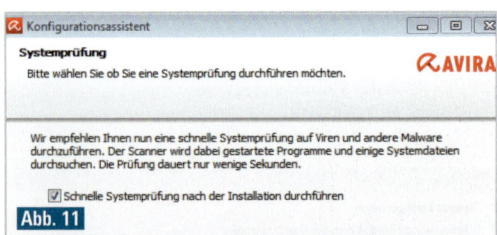

Abb. 11

Abb. 12

normalen Start, um beim Start des Rechners Konflikte mit anderen Programmen zu vermeiden (Abb. 10). Außerdem verzögert sich sonst der Start. Klicken Sie auf Weiter.
4 Bei der Systemprüfung sollten Sie das Häkchen gesetzt lassen (Abb. 11).
5 Damit ist der Konfigurationsassistent abgeschlossen. Klicken Sie auf Fertigstellen.
6 AntiVir führt sogleich einen kurzen Scan des Rechners durch. Das kann je nach Größe der Festplatte dauern (Abb. 12). Trotzdem sollten Sie später noch eine Systemprüfung durchführen lassen (Seite 123).
7 Der „Luke Filewalker" zeigt Ihnen dann eine Statistik an und ob es Funde oder verdächtige Dateien gibt. Klicken Sie auf Schließen und im dahinterliegenden Fenster auf Beenden.

Programmübersicht
Obwohl bei Avira vieles von Hause aus sehr gut eingestellt ist, kann es nicht schaden, sich ein bisschen mit dem Programm zu beschäftigen. Klicken Sie dafür auf den Regenschirm. Das Übersichtsfenster öffnet sich (Abb. 13). Steht dort: „Ihr Computer ist sicher", ist alles in Ordnung. Steht dort „Ihr Computer ist nicht sicher", klicken Sie rechts auf Problem beheben. Avira versucht dann, das Problem zu lösen.

Update manuell ausführen
AntiVir aktualisiert sich täglich von selbst. Für ein manuelles Update klicken Sie im Status-Fenster weiter unten auf Update starten. Da das Programm gerade frisch installiert ist, ist es bereits ak-

tuell (es sei denn, Sie haben die Version von CD installiert). Haben Sie den Verdacht, sich einen Virus eingefangen zu haben, aktualisieren Sie AntiVir immer vor dem Scan.

System-Check

So ein Komplettcheck empfiehlt sich zu Beginn. Klicken Sie dafür auf das Menü System-Scanner und dann auf Vollständige Systemprüfung (Abb. 14). Klicken Sie dann oben auf die Lupe, um den Suchlauf zu starten. Der Luke Filewalker startet wieder.

Echtzeit-Virenschutz

Avira AntiVir überwacht im Hintergrund sämtliche Aktivitäten. Findet Avira eine verdächtige Datei, hat man mehrere Möglichkeiten, mit ihr umzugehen. Man kann sie reparieren lassen, ignorieren, umbenennen oder löschen.

Erst einmal heißt es „Zugriff verweigern". Dann kann sie in die Quarantäne verschoben werden. Das ist insofern ein Unterschied zum normalen Löschbefehl, weil es wieder rückgängig gemacht werden kann, falls es sich um eine für das Windowssystem wichtige Datei handelt. Windows könnte dann abstürzen und eine komplette Neuinstallation wäre eventuell notwendig.

Abb. 13

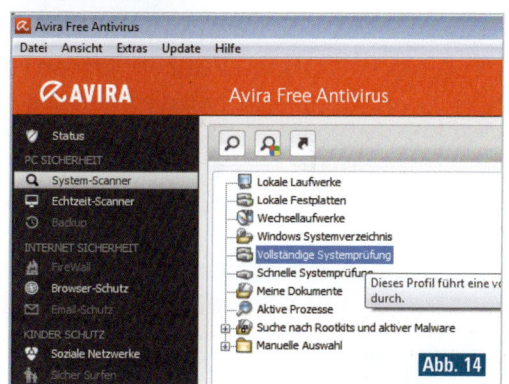

Abb. 14

Solange der potenzielle Bösewicht in der Quarantäne hockt, kann er keinen (weiteren) Schaden anrichten. Währenddessen können Sie im Internet auf die Suche gehen, ob es sich vielleicht nicht doch um einen Fehlalarm handelt. Dann könnten Sie die Datei rehabilitieren.

Quarantäne beenden

Mit dieser Entscheidungshilfe gewappnet, öffnen Sie das Hauptfenster von AntiVir und klicken auf die Schaltflächen Verwaltung_Quarantäne. Dort finden Sie den Übeltäter (oder unschuldig Verhafteten).

Aktivieren Sie ihn durch einen Klick, dann senden Sie ihn durch einen weiteren Klick auf das Papierkorb-Symbol ins elektronische Nirwana (oder Sie rehabilitieren ihn per Klick auf das Symbol Wiederherstellen).

Dass Sie überhaupt in diese Tiefen des Programms werden vordringen müssen, darf getrost bezweifelt werden. Denn in den weitaus meisten Fällen beendet AntiVir seine Suche ohne Funde. Dies nicht etwa wegen einer zu oberflächlichen Recherche, sondern weil Sie alles Ihnen Mögliche getan haben, Ihren Rechner sauber zu halten.

Gesamt-Scan planen

Zwar erfolgt von Haus regelmäßig ein Scan, aber vielleicht sind Ihnen die Intervalle zur kurz oder sie finden immer dann statt, wenn Sie ein ressourcenhungriger Suchlauf gerade stört.

1 Klicken Sie für eine individuelle Einstellung auf Verwaltung_Planer. Klicken Sie den dortigen Eintrag mit der rechten Maustaste an. Ein Fenster öffnet sich, mit dessen Hilfe Sie einen neuen Auftrag erstellen oder den bestehenden ändern können (Abb. 15).

2 Klicken Sie sich durch die nächsten Fenster. Bei der Auswahl des Profils können Sie bestimmen, ob, wie bisher, eine schnelle Systemprüfung stattfinden oder ob nur die lokalen Laufwerke geprüft werden sollen, ob nur Wechsellaufwerke (z.B. USB-Sticks, SD-Karte) oder etwa eine vollständi-

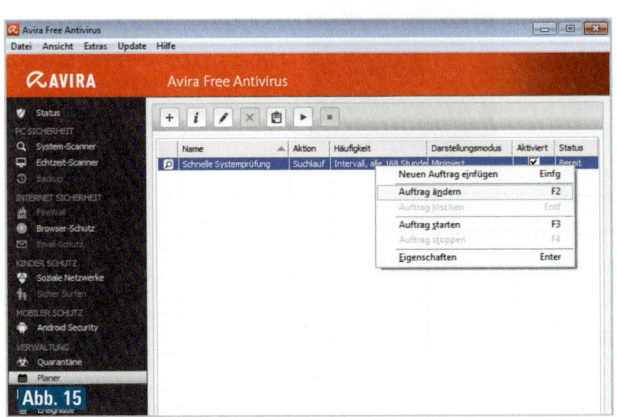

Abb. 15

ge Systemprüfung durchgeführt werden soll. Wählen Sie etwa Vollständige Systemprüfung aus und klicken Sie auf Weiter (Abb. 16).

3 Im nächsten Fenster können Sie das Intervall bestimmen, also ob sofort, täglich, wöchentlich oder z. B. immer nach 200 Stunden gescannt werden soll (Abb. 17).

4 Wenn Sie etwa wöchentlich anklicken (empfehlenswert), so können Sie im nächsten Fenster den Wochentag und die Uhrzeit bestimmen. Falls Sie vom Scan nicht be-

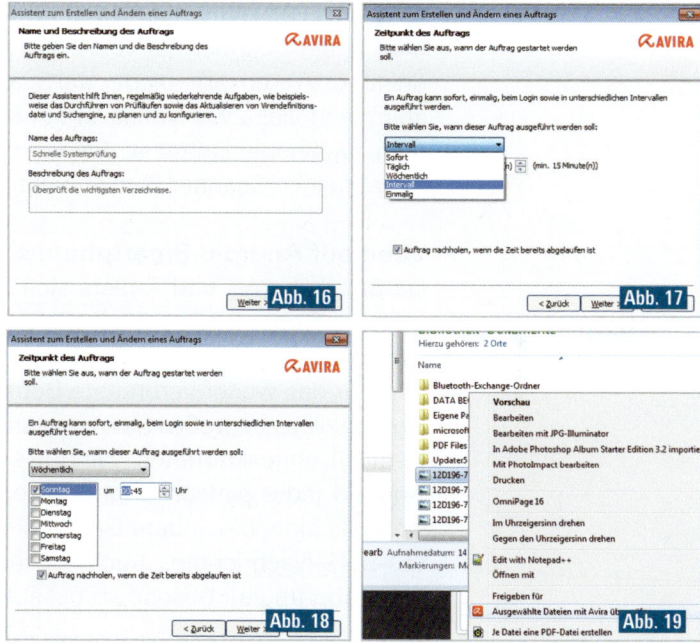

hindert werden möchten, kann es sinnvoll sein, den Suchlauf in die Nachtstunden zu legen (Abb. 18).

5 Wenn Sie den Scan nachts ausführen wollen, können Sie im nächsten Fenster bestimmen, ob der Rechner nach dem Auftrag heruntergefahren werden soll.

6 Klicken Sie zuletzt auf Fertigstellen. Der neue Auftrag erscheint dann in der Planerübersicht.

Einzelne Datei oder einzelnes Laufwerk scannen

Wenn Sie eine einzelne Datei scannen möchten, klicken Sie dies mit der rechten Maustaste an. Ein Fenster klappt sich auf. Klicken Sie dort auf Ausgewählte Dateien mit Avira überprüfen (Abb. 19). Folgen Sie den Anweisungen. Ähnlich funktioniert es mit einem kompletten Laufwerk, zum Beispiel einem USB-Stick (Abb. 20).

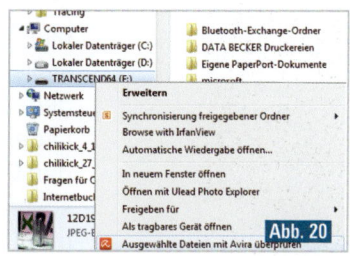

ZWEI ANTIVIRENSCANNER INSTALLIEREN?

Jeder Scanner hat seine Lücken oder Nachteile bei der Bedienung. Warum also nicht zwei Scanner installieren? Viel hilft hier aber nicht viel: Zwei Virenscanner können sich in die Quere kommen. Lachender Dritter ist dann der Wurm oder Virus. Deshalb lieber auf einen Scanner konzentrieren.

Viren auf Android Smartphones und Tablet-PCs

Da Smartphones und Tablets sich zunehmend verbreiten, ist es nur eine Frage der Zeit, bis die kriminelle Bande hinterherzieht. In der Tat tauchen immer mehr Viren für Smartphones auf, insbesondere für das weiter verbreitete Betriebssystem Android. Infizierte Apps stellen ein großes Sicherheitsrisiko dar: Im Gegensatz zu den ziemlich abgeschotteten Windows- und Apple-Stores kann bei Android jeder einfach ungeprüft ein Programm anbieten. Viren sind das eine, die andere Gefahr sind Premiumanrufe und Premium-SMS-Nachrichten. Auch diese werden durch manipulierte Apps übertragen. Besonders beliebt ist die Masche bei populären Spielen.

Es gibt mittlerweile Apps, die vor den Angriffen schützen. Sie finden Sie im Google Play-Store, zum Beispiel das kostenlose Programm Avast! Mobile Security. Ebenfalls kostenlos sind Kaspersky Mobile Security Lite (Note 3,6) und TrustGo Antivirus & Mobile Security (Note 3,8). Andere wie die Mobile Securitys von Kapersky, Norton oder McAfee kosten zwischen zehn und 25 Euro.

McAfee Antivirus & Security hat im Test der Stiftung Warentest (Heft 7/2013) mit Note 1,9 von allen getesteten Sicherheits-Apps am besten abgeschnitten, gefolgt von der kostenlosen Avast! Mobile Security (Note 2,1). Der Test zeigte, dass die bekannten Hersteller von Antivirensoftware vorne liegen. Schlecht schnitten dagegen insbesondere eher unbekannte Spezial-Anbieter ab.

Laden Sie nur Apps aus dem offiziellen Google Play-Store oder bei den Geräteherstellern herunter. Vor dem Herunterladen einer App sollten Sie aber nachschauen, welche Berechtigung der App eingeräumt wird. Insbesondere, wenn die App auf die Internationale-

INFO **IMEI-Nummer auslesen**

Über die IMEI-Nummer kann das Gerät gesperrt werden, und zwar unabhängig davon, was für eine SIM-Karte sich im Gerät befindet. Bei Diebstahl oder Verlust ist es deshalb sinnvoll, die IMEI-Nummer dem Telefonanbieter mitteilen zu können. Zum Auslesen geben Sie ins Telefon die Kurzwahl *#06# ein.

Mobile-Equipment-Identity-Nummer (IMEI-Nummer) zugreifen möchte, ist größte Vorsicht angesagt, denn mit dieser können Sie über Ihren Telefonanbieter geortet werden. Doch darauf wollen auch seriöse Anbieter wie Skype, die Bild-Zeitungs-App oder What's App zugreifen. Alarmsignale sollten angehen, wenn folgender Befehl verlangt wird: Telefonstatus lesen und identifizieren.
Um vor schädlichen Apps gewarnt zu werden, gibt es ab Android 4.2 eine Einstellmöglichkeit: Gehen Sie auf Sicherheit_Apps verifizieren. So werden Sie vor der Installation gewarnt.
Generell: Überprüfen Sie die Bewertungen durch andere User. Wer steckt hinter der App, gibt es eine Webseite, eine Kontaktadresse? Und ganz wichtig: Halten Sie Ihr System aktuell, also immer mit dem aktuellsten Betriebssystem online gehen.
Aber nicht immer sollen Viren eingeschleust, Passwörter ausgelesen oder unbemerkt teure SMS verschickt werden, manchmal wird auch einfach nur geschnüffelt. Dagegen hilft eine App wie AppAlert von McAfee. Den Datenverkehr, und insbesondere wohin die Daten fließen, kann man sich mit der App 3G Watchdog anzeigen lassen.

Viren auf iOS-Geräten

Es gibt zwar auch hin und wieder Viren auf Apple-Geräten, aber die sind sehr, sehr selten. Das abgeschlossene System, das ja nicht nur Vorteile hat, weil alles unter der Kontrolle des Apple-Konzerns steht, zeichnet sich in diesem Fall aus. Ein Virenscanner ist deshalb (bisher) für iOS-Systeme nicht notwendig. iPhone-Besitzer sind auch weitgehend vor Phishing-Seiten geschützt. Die Warnung vor diesen Betrugs-Seiten ist serienmäßig aktiviert. Um bei einem Diebstahl oder Verlust das Gerät orten (und auch sperren) zu können, sollte iCloud und iPhone suchen aktiviert werden. Aber viele Apps schnüffeln mächtig. Also verknüpfen Standort mit Namen, Alter, Geschlecht, E-Mail-Adresse und dem Facebook-Profil und versenden die unveränderliche Geräte-Seriennummer (UDID). Damit lässt sich dann das Gerät mit dem Ort (durch GPS) und den Namen (durch das Facebook-Profil) verknüpfen.

Die Firewall

Die Firewall ist sozusagen der Türsteher des Rechners, der entscheidet, wer reinkommt. Sie ist aber auch Herbergsvater, der bestimmt, wer den Raum verlassen darf. So kann man das Übertragen persönlicher Daten vieler Anwendungen unterbinden oder einschränken. Windows XP-Benutzer brauchen dringend eine Firewall. Bei Windows 7 und 8 ist eine Firewall eingebaut. Aber: Besser ist es, eine Extra-Firewall zu installieren, denn bei der hauseigenen fehlt – um im Bild zu bleiben – der Herbergsvater. Dafür muss man zwar in Kauf nehmen, dass mehr Warnmeldungen auf dem Bildschirm erscheinen – aber auch das kann man einstellen. Es gibt kostenlose Firewalls wie Comodo und ZoneAlarm, aber auch kostenpflichtige.

ZoneAlarm

Dieses kostenlose Programm ist eine der beliebtesten Firewalls. Neuerdings gibt es das Programm auch in Kombination mit einem Virenscanner. Damit hat man einen Rundumschutz. Wenn AntiVir bereits installiert ist, empfiehlt es sich aber, nur die Firewall zu installieren.

ZoneAlarm findet sich häufig auf CDs/DVDs von Computerzeitschriften und natürlich auf den einschlägigen Download-Portalen im Internet (Abb. 21).

ZoneAlarm Free Firewall

❯❯ Download starten

Version 11.0.768.000
Dateigröße 2,3 Megabyte
Hersteller ▸ Check Point Software Technologies (Weitere Programme)

NEU Sofort informieren, wenn neue Versionen verfügbar sind!
Abb. 21 Jetzt den Update-Alarm: eingeben Bestellen

1 Doppelklicken Sie auf die exe-Datei in Ihrem Downloadverzeichnis und wählen Sie „Schnell zu installieren"(Abb. 22).

2 Im nächsten Fenster stimmen Sie dem Lizenzvertrag zu. Auch ZoneAlarm bietet eine Toolbar an, die Sie nicht installieren wollen – achten Sie immer darauf, dass die entsprechenden Felder deaktiviert sind.

3 Wenn Sie nur auf Zustimmen klicken, werden Sie nicht weitergeleitet. Klicken Sie auf das Feld „Skip all offers". Der Download und die Installation beginnen.

4 Im nächsten Fenster müssen Sie nicht unbedingt eine E-Mail-Adresse eingeben (Abb. 23). Klicken Sie auf Zustimmen und das Fenster verschwindet. Dafür öffnet sich ein neues, nämlich das der Firewall.

5 Die Firewall ist eingeschaltet, wenn oben links ein Häkchen steht und Sie den Satz sehen: „Ihr Computer ist sicher" – dann ist alles bestens (Abb. 24).

6 Klicken Sie mal auf das mittlere Feld, auf Details anzeigen. Dort sehen Sie, wie viele Zugriffsversuche gesperrt wurden und wie viele Programme geschützt werden.

Abb. 22

Abb. 23

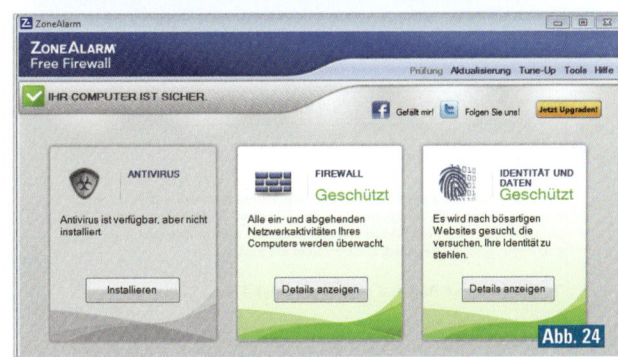

Abb. 24

7 Ein Klick auf Einstellungen in der Reihe Einfache Firewall führt zu den aktuellen Einstellungen. Sie sehen, dass die auf Hoch stehen für die Öffentliche Zone und Mittel für die sichere Zone (womit das eigene Netzwerk gemeint ist).

8 In Zukunft wird es immer wieder mal zu Warnhinweisen kommen (Abb. 25). Das nervt am Anfang vielleicht ein wenig, aber das Programm ist lernfähig und -willig, sodass sich diese Meldungen reduzieren lassen.

Ad-Aware und Spybot

Diese Programme suchen nach Spionen, die Ihr Surfverhalten ausspähen könnten. Auch diese Suchprogramme sind so beliebt, dass man sie auf vielen Heft-CDs und DVDs findet. Sie spüren vor allem solchen Programmen nach, die neben dem Nutzen, den sie versprechen (und bisweilen auch erfüllen), Ihre Surfdaten weitermelden. Sie finden aber auch die sogenannten Cookies, das sind kleine Dateien, die von Seitenbetreibern auf Ihrem Rechner abgelegt werden (zu Cookies siehe Seite 66).

Die Installation der Helfer ist ebenso einfach wie die von Anti-

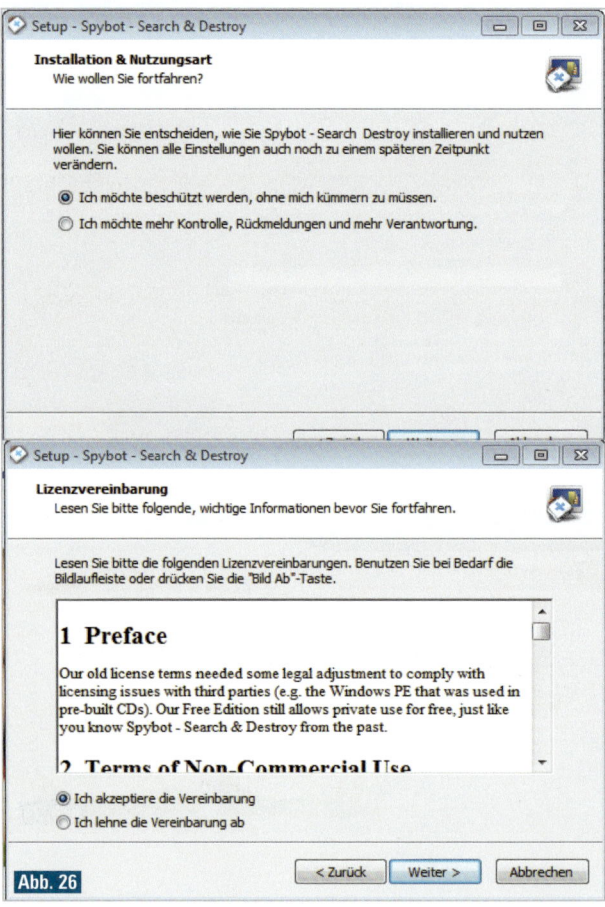

Vir und ZoneAlarm. Die Bedienung von Spybot ist sogar noch simpler, denn dieses Programm benötigt gar keine Konfiguration und meldet sich sofort in deutscher Sprache. Auch Ad-Aware von Lavasoft gibt es in einer deutschsprachigen Fassung.

Spywaresuche mit Spybot

1 Laden Sie das Programm herunter oder installieren Sie es von CD/DVD. Rufen Sie das Programm auf. Klicken Sie sich durch die Installation. Im Fenster „Installation und Nutzungsart" belassen Sie es bei der Aktivierung des Punktes „Ich möchte beschützt werden, ohne mich kümmern zu müssen".

2 Akzeptieren Sie die Vereinbarung und klicken Sie dann auf Installieren und zum Schluss auf Fertigstellen (Abb. 26).

3 Die Programmübersicht öffnet sich (Abb. 27).

4 Sie können dort einen manuellen Scan durchführen lassen. Klicken Sie auf System-Scan (Abb. 28). Im neuen Fenster klicken Sie dann auf Scan starten. Schauen Sie hin und wieder auch einmal bei den „Verfolgenden Cookies" rein.

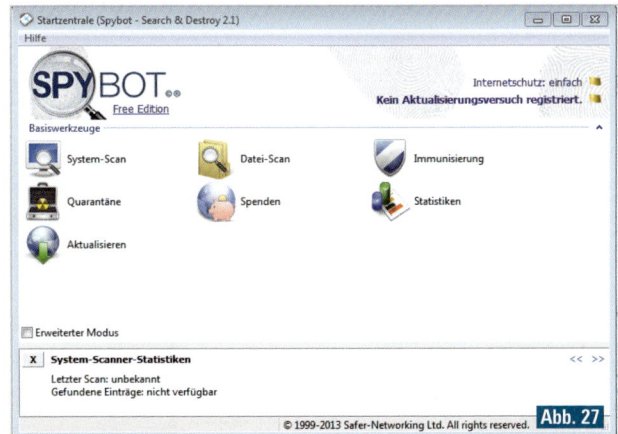

Abb. 27

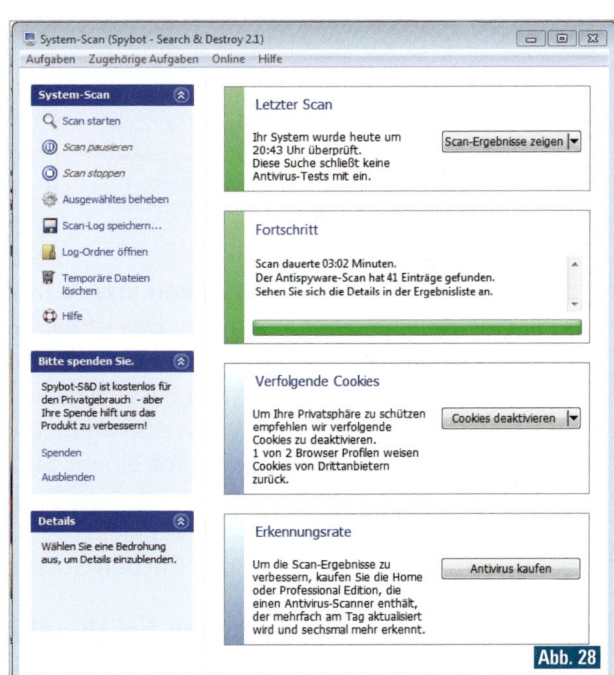

Abb. 28

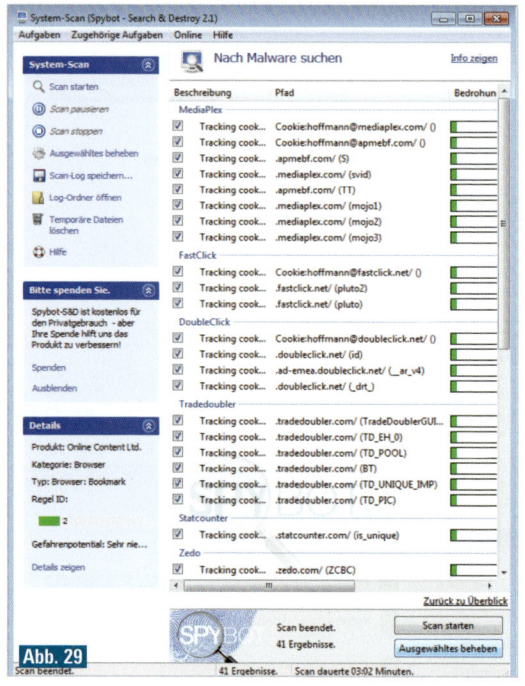

Abb. 29

5 Mit einem Klick auf Datei-Scan können Sie auch einzelne Dateien einem Check unterziehen. Zu Beginn empfiehlt es sich, den System-Scan durchführen zu lassen. In unserem Fall hat das Programm 41 Einträge gefunden (Abb. 28).

6 Lassen Sie sich die Scan-Ergebnisse zeigen. Hier können Sie entscheiden, ob einzelne mit einem Häkchen versehene Cookies nicht behoben werden sollen – deaktivieren Sie das Häkchen dort. Die Bedrohungslage ist mit einem waagerechten Balken dargestellt (Abb. 29).

7 Gegebenenfalls klicken Sie auf Ausgewähltes beheben. Es bleibt aber auf Ihrem Rechner, für Spybot im Zugriff. Denn es könnte ja sein, dass Sie das dazugehörige Programm doch vermissen.

8 In einem solchen Fall reaktivieren Sie es in der linken Schaltflächenleiste mit einem Klick auf Wiederherstellen.

9 Immunisieren und Aktiviere permanente Blockierung bösartiger Adressen: Das ist ein zweischneidiges Schwert – womöglich blockieren Sie sich damit wichtige Vorgänge. Sollten Sie's nutzen, dann merken Sie sich diese Schalterstellungen genau für den Fall, dass Sie sie wieder freigeben müssen.

10 Update: Vor einem Suchlauf sollten Sie sich die frischesten Schädlingsdefinitionen beschaffen. Denn auch die Spywareentwickler schlafen nicht.

11 Beenden Sie den Suchlauf mit Klick auf das Schließen-Kreuz.

Was machen bei Virenbefall?

■ Erst einmal Ruhe bewahren. Was zeigt der Rechner an: Einen Befall? Oder fährt er nicht mehr hoch? Wenn das Virenschutzprogramm angeschlagen hat, folgen Sie den Anweisungen. Das Programm wird versuchen, den Schädling zu einzufangen, in Quarantäne zu setzen und wenn gewünscht zu löschen.

■ Sollte bei einem Neustart der Rechner weiterhin infiziert sein (oder sich aufgehängt haben), brauchen Sie jetzt eine Rettungs-CD oder einen USB-Stick mit einem Rettungsprogramm (Achtung, das kostenlose Avira und auch der Windows Defender können keine Rettungsmedien erstellen). Sie liegen aber oft Computerzeitschriften als CD/DVD bei.

■ Schalten Sie den Rechner ein, drücken Sie sofort beim Hochfahren die angezeigte Funktionstaste (zum Beispiel F10), um ins Bootmenü zu kommen. Dort müssen Sie den Rechner so konfigurieren, dass er zunächst vom CD/DVD-Laufwerk oder vom USB-Anschluss bootet („startet"). Folgen Sie den Anweisungen. Der Internetanschluss sollte bestehen bleiben, weil das installierte Programm die neuesten Dateien aus dem Internet nachlädt.

■ Wenn es gut läuft, wird der Virus erkannt und entfernt. Ansonsten hilft nur eine Neuinstallation.

■ Um dadurch Datenverluste zu vermeiden, sind regelmäßig angefertigte Sicherungskopien sinnvoll.

DAS SICHERE PASSWORT

Ein gutes Passwort ist mindestens zehn Zeichen lang, besteht aus Groß- und Kleinbuchstaben, die zusammen keinen Sinn ergeben, sowie aus Ziffern und Sonderzeichen. Aber Achtung: Tastaturen im Ausland besitzen oft kein „ß". Deshalb lieber Sonderzeichen wie §#*?& usw. verwenden. Nun muss man sich überall mit einem Passwort einloggen, warum also nicht für alles dasselbe Passwort verwenden? Machen viele, solange es gut geht. Ist aber ein Account gehackt worden, hat der Gauner überall freien Zugang. Schlimm genug, aber auf diese Weise kann man auch Mails abfangen, die eine Passwort- oder Statusänderung mitteilen. Ist dieses

Passwort auch noch identisch mit dem von Amazon, Ebay und Co, geht's auf große Einkaufstour. Bei Amazon sind oft die Bankdaten hinterlegt. Der Kriminelle kauft kräftig ein und ändert dann die Lieferadresse. Die Rechnung kommt natürlich zu Ihnen und auch von Ihrem Konto wird das Geld abgebucht. Deshalb: Das Passwort sollte nicht nur sicher sein, sondern auch einmalig.

Doch wie merken? Eine gute Eselsbrücke ist ein Satz oder ein Spruch: „Was ist der Einbruch in eine Bank gegen die Gründung einer Bank?" Diesen Satz kann man abkürzen mit: WidEieBgdGeB. Hier fehlen aber noch eine Zahl und ein Sonderzeichen. Damit kann man das Passwort je nach Einsatz abwandeln und entsprechend auch 20 Passwörter im Kopf behalten.

Ein Beispiel: Für den Ebay-Account hängt man hinten noch ein E und eine 4 für die vier Buchstanden von Ebay ran und trennt das Stammpasswort von den Abänderungen noch durch ein Sonderzeichen, z. B. durch die Raute #. Das Passwort für Ebay würde dann lauten: WidEieBgdGeB#E4

Man kann sich natürlich auch ein Passwort erzeugen lassen. Zum Beispiel auf folgender Seite: www.grc.com/passwords.htm. Diese Passwörter sind sehr sicher, aber auch so gut wie nicht zu merken. Aufschreiben hilft, solange man sie nicht auf dem Rechner abspeichert, vielleicht noch im Ordner „Passwörter". Schreiben Sie Ihre Passwörter besser auf ein Stück Papier und verwahren Sie es abseits Ihres Computers. Hacker haben so keine Chance, und ein Einbrecher wird selten die Liste suchen und mitnehmen, sondern eher nach Barem und Wertsachen.

Sollten Sie Ihr Passwort einmal vergessen, können Sie durch eine Sicherheitsfrage, deren Antwort nur Sie kennen, ein neues Passwort erhalten. Beantworten Sie diese Standardfragen aber nicht zu ehrlich: „Wie ist der Mädchenname Ihrer Mutter?" sollte etwa mit FräuleinSchulze oder MamaMüller verfremdet werden. Das ist weniger leicht zu erraten oder im Internet zu recherchieren.

Sehr gut sind Systeme der Zwei-Faktor-Authentifizierung. Hierbei loggt man sich normal mit seinem Passwort ein und definiert vertrauenswürdige Geräte, zum Beispiel sein Handy. Dafür wird einem zum Beispiel aufs Handy ein Zahlencode geschickt. Diesen muss man auf der Seite eingeben. Damit ist das Gerät, z. B. das Handy, beim Webseitenbetreiber registriert. Für weitere Anmeldungen reicht das Passwort. Gibt es jetzt eine Veränderung, so bekommen Sie auf Ihr Handy eine SMS geschickt (Abb. 30). Google und Yahoo bieten dieses System für ihre Mailaccounts an. Auch bei PayPal und Facebook gibt es solch eine Funktion. Twitter bietet es bisher nur in den USA an.

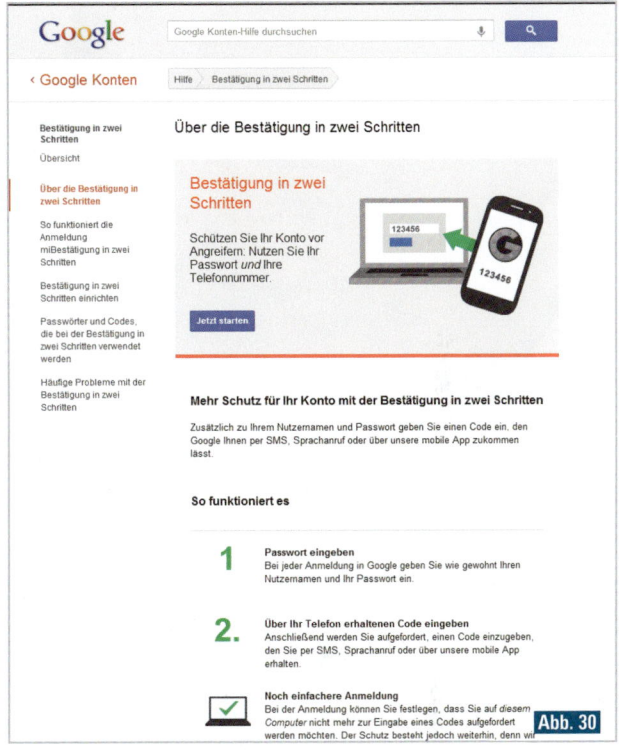

Abb. 30

Test: Passwort geknackt?

Gehen Sie auf folgende Seite: https://shouldichangemypassword.com – übersetzt etwa „Sollte ich mein Passwort ändern?" Geben Sie Ihre E-Mail-Adresse ein und klicken Sie auf Check it. Erscheint ein roter Balken, wurde Ihr Passwort geknackt und veröffentlicht. Ändern Sie es und überprüfen Sie Ihren Account auch auf Unregelmäßigkeiten.

Passwörter im Smartphone

Ihr Smartphone sollten Sie mit einer App schützen, über die Sie bei einem Verlust oder Diebstahl die auf dem Handy gespeicherten Daten löschen können. So ist das Smartphone zwar weg, aber Ihre Passwörter gelangen nicht in fremde Hände.

Ein Sicherheitsrisiko stellen zahlreiche Apps dar. Wenn deren Passwörter im Klartext abgelegt werden, können sie gegebenenfalls ausgelesen werden.

DIE FÜLLE DES INTERNETS

Eine kaum überschaubare Informationsmenge und Vielfalt findet man im Internet. „Wer suchet, der findet" gilt auch hier – wenn man die passende Adresse kennt oder eine Suchmaschine nutzt. Man kann im Netz Reisen buchen, Radio hören, Videos schauen, telefonieren oder nach Lust und Laune einkaufen. Im Internet ist alles nur einen Klick entfernt.

INFORMATIONEN UND INHALTE

Bevor wir uns mit den eigentlichen Suchwerkzeugen beschäftigen, die das Internet anbietet, wollen wir uns einen kleinen Überblick über diese verschaffen.

Suchwerkzeuge im Internet

Wer Informationen finden will, braucht ordentliche Suchwerkzeuge und muss wissen, wie sie am besten benutzt werden. Was steht uns zur Verfügung?

■ Allgemeine Suchmaschinen: Sie sind so konstruiert, dass sie im gesamten Internet nach Informationen suchen. Ein gutes Beispiel für diese Art Suchmaschine sind Google (www.google.de) und Bing (www.bing.de).

■ Spezialisierte Suchwerkzeuge: Sie sind besonders für die nach Kategorien (Typen oder Themen) aufgeteilte Suche geeignet. Beispiele dafür sind Nachschlagewerke wie Telefonbücher (www.gel beseiten.de), Lexika sowie Enzyklopädien (www.wikipedia.de).

Suchmaschinen

Suchmaschinen schicken Suchroutinen los, die Indexbegriffe von allen Webseiten einsammeln, die sie finden können. Der Index erfasst den gesamten Inhalt eines Internetauftritts, nicht nur den der Hauptseite. Die von den Robotern gefundenen Informationen werden in einer riesigen Datenbank abgelegt. Mit einer im Internet zugänglichen Suchmaschine greifen Sie auf diese abgelegten Suchergebnisse zurück.

Bedingt durch die eingesetzte Technologie ergeben sich beim Suchen hier sehr viele Treffer. Dafür ist die Präzision der Suchergebnisse nicht so hoch.

Einen Überblick über die Vielzahl der Suchmaschinen bekommen Sie ganz leicht:

1 Öffnen Sie das Internet-Zugriffsprogramm.

2 Falls Google nicht Ihre Startseite ist: Geben Sie in die Adresszeile www.google.de ein und bestätigen Sie durch Drücken von Return ⏎. Es öffnet sich das Startfenster der Suchmaschine Google.

3 Schreiben Sie in das Eingabefeld die Anfrage Suchmaschinen und bestätigen Sie wiederum mit Return ⏎ (Abb. 1).

4 Es werden schnell viele Treffer angezeigt. Einer der obersten ist der Link Suchmaschinen der Uni Konstanz (www.ub.uni-konstanz.de/serviceangebote/suchmaschinen.html).

5 Folgen Sie diesem Link, und schon erhalten Sie eine Übersicht mit knapp 100 Links zu diversen deutschsprachigen Suchmaschinen, sortiert nach Funktionsweise und Ländern.

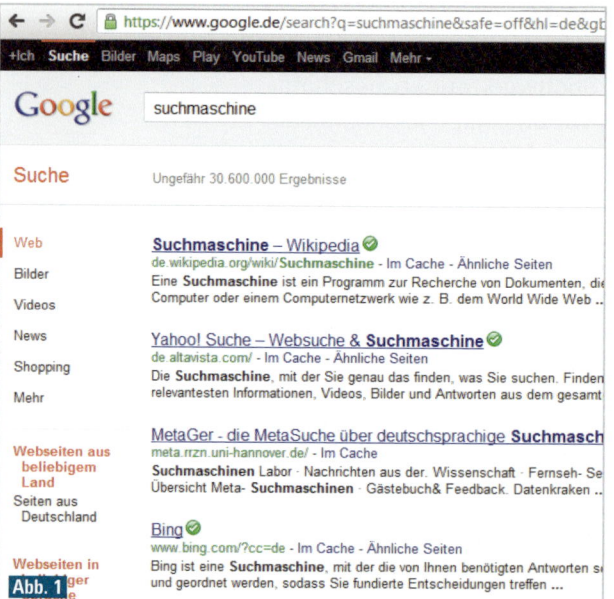

Abb. 1

Metasuchmaschinen

Eine Spielart der von Suchrobotern gespeisten Suchmaschinen sind Metasuchmaschinen. Sie suchen nicht im Internet, sondern fragen andere Suchmaschinen ab. All deren Ergebnisse präsentiert Ihnen die Metasuchmaschinen nun.

1 Rufen Sie doch einmal www.metager.de auf, die Suche über deutschsprachige Suchmaschinen.

2 Sie erhalten eine Eingabezeile und eine Übersicht über die abgefragten Suchmaschinen. Zudem können Sie einige Parameter einstellen (zum Beispiel Anzahl der Treffer und die Suchzeit bei der jeweiligen Maschine).

3 Geben Sie spaßeshalber den Suchbegriff Pudel ein (Abb. 2).

4 Sie erhalten Hunderte von Links: Infos zum Tier selbst, zu Züchtervereinen, zu Goethes Faust (als Zitat: des Pudels Kern), aber auch den gleichnamigen Ernährungswissenschaftler betreffend. Da macht eine Suchmaschine eben keinen Unterschied.

5 Probieren Sie ein paar Links aus, dann kehren Sie von Ihrer Wanderung wieder zurück.

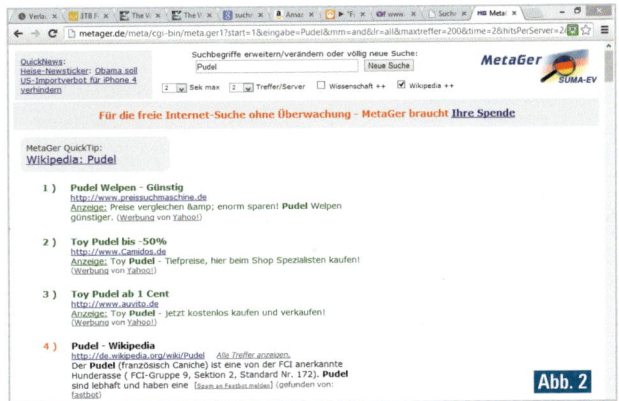

Abb. 2

Eine Suchmaschine benutzen

Für diese Übung nehmen wir an, dass Sie auf der Suche nach Informationen über die Stiftung Warentest seien. Probieren Sie bei Ihrer Recherche gegebenenfalls mehrere Suchmaschinen aus. Sie liefern unterschiedliche Ergebnisse, wie wir anhand der Suchmaschinen Google und Bing sehen, wenn Sie dort jeweils das Suchwort Stiftung Warentest eingeben.

Die Suchergebnisse sind sehr unterschiedlich. Aber in beiden Suchmaschinen kommen die richtigen Ergebnisse ganz weit oben (Abb. 3, 4).

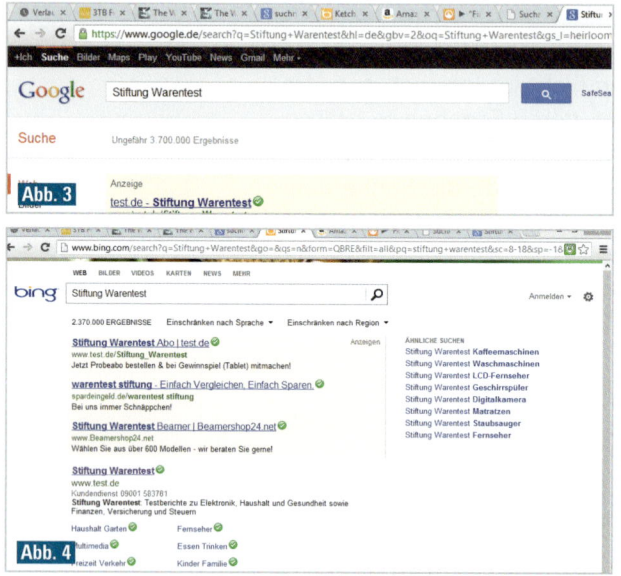

Werfen wir noch mal einen Blick auf das Google-Ergebnis. Am rechten Bildschirmrand stehen auch immer ein paar Suchergebnisse. In diesem Fall ein Hinweis auf die Firma Persil sowie auf das Aboangebot der Stiftung Warentest. Bei diesen Suchergebnissen handelt sich um bezahlte Anzeigen (zu erkennen am Titel „Anzeigen"). Die Stiftung Warentest schaltet also Anzeigen, die dann auf Google erscheinen, wenn jemand die passenden Suchbegriffe eingibt, also zum Beispiel „Stiftung Warentest". Wenn Sie jetzt den Link in der Anzeige anklicken, zahlt die Stiftung Warentest dafür Geld an Google.

Die Anzeigen werden immer geschickter „versteckt", damit die Besucher darauf klicken, denn nur dann verdient Google Geld. Gleiches sehen Sie auch bei den Suchergebnissen von Bing. Google bietet in den Suchergebnissen aber auch noch Meldungen von Onlineportalen, die sich mit der Stiftung Warentest beschäftigen. Dies ist nur ein kleiner Ausschnitt. Wenn Sie oben in der Menüleiste auf News klicken, werden Ihnen nur noch Artikel angezeigt. Bing bietet an ähnlicher Stelle eine ähnliche Funktion.

Suchmaschinen wie Google und Bing sind universell einsetzbar. Doch die Zahl der Treffer übersteigt oftmals jedes vernünftige Maß. Nicht selten gibt es Zehntausende Fundstellen, die Sie selbst bewerten müssen. In diesen Fällen sollten Sie die Suche so weit wie möglich eingrenzen. Bei Google klicken Sie rechts auf Erweiterte Suche (Abb. 5), bei der Suchmaschine bing rechts auf das Zahnrad-Symbol. Im folgenden Menü können Sie dann Ihre speziellen Suchkriterien festlegen.

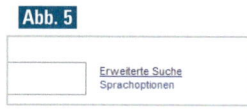

Hier haben Sie viele Einstellmöglichkeiten, Ihre Suche einzugrenzen (Abb. 6).

Wenn Sie beispielsweise nur nach PDF-Dokumenten suchen, gehen Sie auf Dateityp und klicken dort auf Adobe Acrobat PDF und dann zur Bestätigung auf Erweiterte Suche (Abb. 7). Alternativ können Sie auch ins Suchfeld filetyp:pdf eingeben.

Generell gilt: Die Art, wie die Suchkriterien benutzt werden müssen, ist von Suchmaschine zu Suchmaschine ein wenig unterschiedlich. Schlagen Sie im Zweifelsfall bei den Suchtipps nach, die auf fast allen Seiten angeboten werden. Hier aber ein paar allgemeingültige Tipps für eine verfeinerte Suchanfrage:

Abb. 6

Abb. 7

■ Als Hauptregel gilt: Verwenden Sie die Groß- und Kleinschreibung – so, wie Sie es vom Treffer erwarten. Geben Sie Kaffee ein, bekommen Sie alle Seiten, in denen Kaffee mit großem „K" vorkommt. Geben Sie jedoch kaffee ein, bekommen Sie alle die Seiten, in denen Kaffee mit kleinem „k" vorkommt, also auch als Wortbestandteil – und das sind noch viel mehr!

■ Mit Anführungsstrichen geben Sie an, dass Sie die Seiten sehen wollen, die genau diese Wortkombination enthalten. Beispiel: „Es war einmal" oder „Stiftung Warentest".

■ Geben Sie mehrere Wörter ein, um ein Thema einzukreisen. Dann werden Dokumente, in denen mehrere dieser Wörter vorkommen, höher eingestuft als die, die nur wenige oder gar nur eines der Wörter enthalten. Beachten Sie, dass die Suchmaschine Google automatisch ein „und" zwischen die Eingabewörter setzt und dass bei der Standardsuche nur die Seiten erscheinen, die jeweils alle Suchwörter enthalten.

■ Damit ein bestimmtes Wort auf jeden Fall in die Suche mit aufgenommen wird, setzen Sie ein Plus (+) unmittelbar vor das Wort (ohne Zwischenraum) in der Eingabezeile. Damit ein bestimmtes Wort auf jeden Fall bei der Suche ausgelassen wird, setzen Sie ein Minus (–) ohne Zwischenraum unmittelbar vor das Wort in der Eingabezeile. Um Rezepte für Schokoladenkuchen ohne Nüsse zu finden, geben Sie ein: +Schokoladenkuchen –Nüsse.

■ Wenn Sie ein Sternchen (*), das sogenannte Jokerzeichen, am Ende des Suchworts eingeben, suchen Sie nach den verschiedenen Zusammensetzungen mit dem Suchwort.

Sprachsuche bei Smartphones

Bei Smartphones kann man auch mittels Sprache suchen lassen, siehe dazu Anleitung für Android-Smartphones auf Seite 106.

Informationen bewerten

Es ist sehr einfach, Informationen ins Internet zu bringen – praktisch jeder kann das. Daher ist es bisweilen so schwer, den Wert, die Glaubwürdigkeit der gefundenen Informationen einzuschätzen. Vieles davon ist persönliche Meinung und Ansicht desjenigen, dem die betreffende Seite gehört. Deshalb ist es immer gut, den gesun

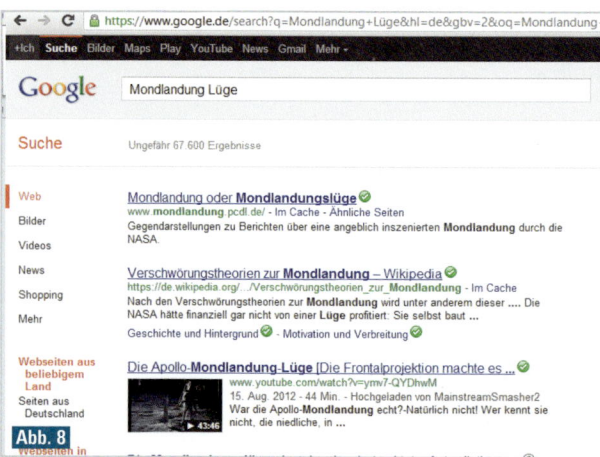

Abb. 8

den Menschenverstand walten zu lassen. Verfolgen Sie doch spaßeshalber die Verschwörungstheorie, wonach die Mondlandung der Amerikaner nie stattgefunden habe und ein einziger Medienschwindel sei. Rufen Sie eine Suchmaschine wie Google auf, geben Sie Mondlandung Lüge ein, bestätigen Sie mit einem Druck auf Return ⏎ . Hier finden Sie äußerst interessante Seiten zu diesem Thema – viel Spaß (Abb. 8)!

INFO Alternative Suchmaschinen

Probieren Sie auch mal andere Suchmaschinen aus,
die nicht so viel Daten sammeln:
- Duckduckgo.com
- Ixquick.de
- Ecosia.de
Andere Suchmaschinen setzen die Schwerpunkte anders:
- Clusty.com
- Dmoz.org

Eine eingehende Kontrolle des gesamten Inhalts im Internet ist unmöglich, denn viele Millionen Menschen bringen Informationen ins Internet, und zwar täglich neu. Trainieren Sie sich im Erkennen unseriöser Inhalte, so wie Sie gelernt haben, Fernsehen und Zeitungen kritisch zu konsumieren. Im Folgenden einige Ratschläge, auf die Sie achten sollten, um einigermaßen sicher zu sein, dass eine Internetseite in Ordnung ist.

Gute Seiten, schlechte Seiten

Beim Surfen im Internet treffen Sie auf alles: Sachinformationen, persönliche Meinungen, Werbung und Ulk. Das zu bewerten,

INFO Die Trefferlisten richtig lesen

Alle Suchmaschinen haben ausgeklügelte Strategien, um die Qualität der Treffer zu bewerten. Danach sortieren sie die Ergebnisse. Weiter oben sind die vermutlich besseren Fundstellen, weiter unten die wahrscheinlich weniger brauchbaren.
Oft kaufen sich gewerbliche Anbieter aber bei Suchmaschinen ein. Bezahlte Links erscheinen auf den Ergebnisseiten prominent als erste Treffer oder am rechten oberen Bildrand. Beachten Sie die unscheinbare Überschrift „Anzei-

gen" oder „Partnerlink". Achtung, hier handelt es sich nicht um Information, es ist bezahlte Werbung!

Suchroboter werden auch von unseriösen Anbietern manipuliert. Deren Seiten erscheinen ganz weit oben als anscheinend wertvoller Treffer. Dagegen ist kein Kraut gewachsen außer Ihrer Intelligenz.

scheint nur auf den ersten Blick schwer zu sein. Tatsächlich gibt es probate Hilfsmittel und Strategien, mit denen Sie die Spreu schnell vom Weizen scheiden können:

■ Die erste Frage beim Besuch einer unbekannten Internetseite ist immer: Wer steht dahinter?

■ Die Homepage www.test.de zum Beispiel gibt Auskunft darüber, dass sie von der Stiftung Warentest erstellt worden ist und auf einem deutschen Server liegt (.de).

Sie können ergründen, wer wir sind. Diese Angaben finden Sie üblicherweise unter Überschriften wie „Unternehmen" oder „Wir über uns". Auch private Internetseiten haben oftmals Angaben über den Verantwortlichen der Seite. Meistens findet man ein Impressum mit den wichtigsten Angaben zum Verantwortlichen und Betreiber der Webseite. Sind derartige Informationen unauffindbar, kann es mit der Seriosität nicht weit her sein.

■ Die zweite Frage ist: Welchen Zweck hat die Seite, welche Inhalte will sie vermitteln? Beurteilen Sie dies vor dem Hintergrund Ihrer eigenen Kenntnisse zum Thema und durch den Vergleich mit anderen Quellen. Erst, wenn eine Gegenkontrolle zum gleichen Ergebnis geführt hat, besteht einigermaßen Gewissheit, dass der Inhalt zu gebrauchen ist.

■ Viele Internetseiten versuchen, sich durch Werbung zu finanzieren. Da laufen Informationen in einem Banner durchs Bild, Werbefenster legen sich über die Inhalte der Internetseite und blinkende Werbefenster sollen Ihre Aufmerksamkeit erhaschen. Die Werbefenster sind nichts weiter als Links zum jeweiligen Anbieter.

■ Ein letzter Blick gilt der Aktualität der Seite. Wann wurde sie erstellt, wann das letzte Mal geändert? Je nach Thema können auch ältere Informationen verwendbar sein. Doch meist sind selten aktualisierte Seiten weniger ernst zu nehmen als regelmäßig erneuerte.

Bildersuche

Natürlich kann man auch nach Bildern und Fotos suchen. Die Ergebnisse werden immer besser. Bei der Bildersuche sollten Sie sowohl Google als auch Bing ausprobieren (Abb. 9, 10).

Ähnliche oder identische Bilder suchen

Diese Google-Funktion ist zugleich genial wie beunruhigend, denn man braucht nur ein Foto hochladen und Google sucht nach identischen oder ähnlichen Bildern. Die Suchgenauigkeit geht manchmal so weit, dass zwar kein identisches Foto im Internet zu finden ist, die Suchmaschine aber eine Vermutung hat und Vorschläge unterbreitet. Manchmal sind die lustig, manchmal auch beängstigend. Wie funktioniert die Suche?

1 Gehen Sie bei Google auf Bilder, im neuen Fenster sehen Sie ein Kamerasymbol (Achtung, nicht in allen Browsern funktioniert diese Funktion).

2 Suchen Sie das Foto, das Sie vergleichen wollen. Wir nehmen ein Pressefoto, von dem wir nicht mehr wussten, um wen es sich handelt (rein spekulativ, denn natürlich kennen wir – und höchstwahrscheinlich auch Sie – den freundlichen Herrn von der Stiftung Warentest, Abb. 11).

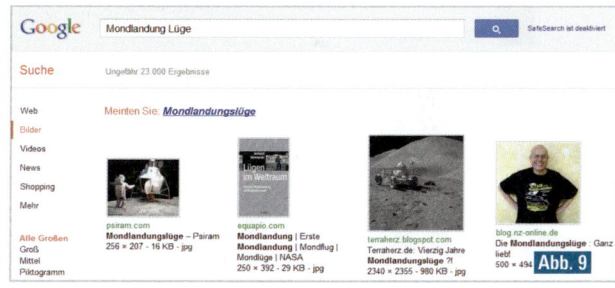

Abb. 9

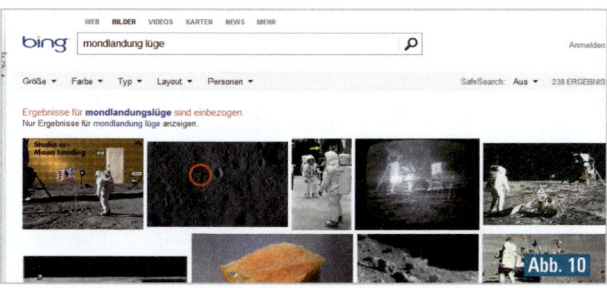

Abb. 10

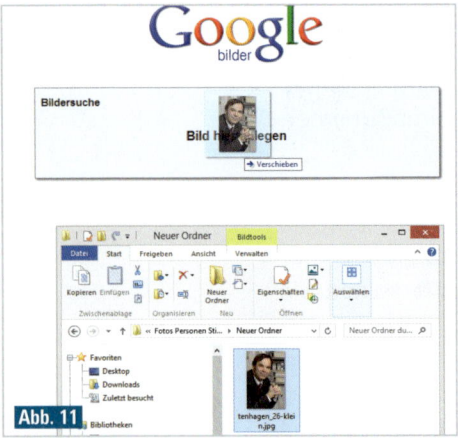

Abb. 11

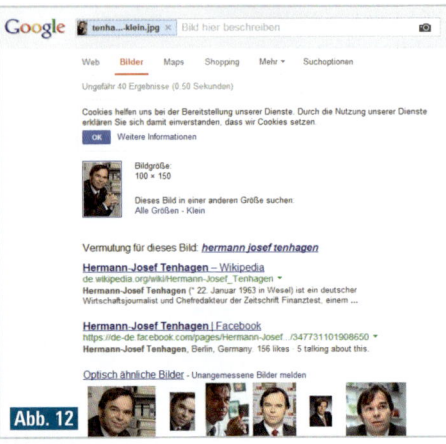

Abb. 12

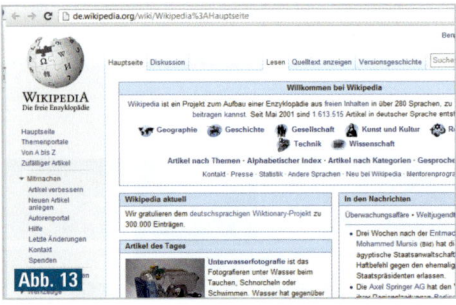

Abb. 13

3 Markieren Sie es und ziehen Sie das Foto bei gedrückter linker Maustaste ins Suchfenster.

4 Google rechnet ein bisschen und spukt dann das Ergebnis aus.

5 Sie erfahren so nur anhand eines Fotos recht viel über die Person, zumal, wenn Sie vorher nicht wussten, um wen es sich denn überhaupt handelt (Abb. 12).

Wofür kann man die Funktion noch nutzen? Stichwort Partnerschafts- und Singlebörsen: Dort gibt es viele Falschprofile, hinter denen keine echten Suchenden stecken, sondern Gauner. Wenn Sie jetzt die Profilfotos bei Google eingeben, können Sie sehr leicht und vor allem sehr schnell feststellen, ob die Fotos irgendwo im Internet kopiert wurden, oder ob sie noch woanders veröffentlicht wurden.

Die Funktion sollte aber auch eine Warnung sein, mit seinen eigenen Fotos im Netz sorgsam umzugehen.

Lexika

Eigentlich ist ja das ganze Internet ein riesiges Lexikon – nur eben keines, das professionell lektoriert worden ist. Es fehlt also die inhaltliche Prüfung auf den Wahrheitsgehalt der Informationen. Doch gibt es bereits eine ganze Reihe von Internetlexika, deren Einträge sehr wohl überprüft sowie permanent erweitert werden und die daher gegenüber ihren gedruckten Pendants viel aktueller sind.

Wikipedia

Die Enzyklopädie Wikipedia (http://de.wikipedia.org) nimmt unter den Internetlexika eine

Abb. 14

besondere Stellung ein, weil hier jeder Internetnutzer schreiben, redigieren und lektorieren kann. Der Hauptgedanke dabei: Viele Menschen besitzen Wissen, das für andere interessant sein kann. Es muss sich allerdings an belegten und zuverlässigen Quellen bestätigen lassen, heißt es auf der Seite Über Wikipedia. In der Praxis werden die eingereichten Beiträge von anderen „Wikipedianern" gelesen und überprüft – wobei gegebenenfalls unterschiedliche Auffassungen dargelegt werden. Der ungewöhnliche Name „Wikipedia" entstammt übrigens dem hawaiianischen Wort für „schnell" = „wikiwiki" und dem englischen Begriff für Lexikon = „encyclopedia" (Abb. 13).

Wissensportale

Sehr hilfreich ist auch die Seite: http://wissen.spiegel.de. Hier reichen die gesuchten Fundstellen bis in die frühen 60er Jahre des 20. Jahrhunderts zurück, denn der Spiegel hat seine Ausgaben inzwischen vollständig digitalisiert und stellt sie gratis zur Verfügung. Im Gegensatz zu manch eingeschränkter Volltextsuche bei der Konkurrenz sind Gratis-Anfragen zu allen Ausgaben und Jahrgängen möglich.

Kostenlos ist auch das Onlinelexikon von www.wissen.de und auch ohne Registrierung zu nutzen, die Texte sind allerdings recht knapp (Abb. 14).

GESCHÄFTE MACHEN IM INTERNET

Im Internet einkaufen

Das Einkaufen im Netz hat viele Vorteile: Sie können zu jeder Zeit aus einem umfangreichen Angebot auswählen und bestellen, die Lieferung trifft bisweilen schon am Folgetag ein (Über-Nacht-Transport). Außerdem können Sie innerhalb von zwei Wochen nach Erhalt der Ware ohne Angabe von Gründen vom Kauf zurücktreten. Denn wenn Sie per Telefon oder im Internet kaufen, schließen Sie einen Fernabsatzvertrag ab, der Ihnen laut Bürgerlichem Gesetzbuch (BGB) ein Widerrufsrecht einräumt. Es gibt jedoch Einschränkungen dieses Rechts, etwa wenn das Produkt speziell nach Ihren Wünschen angefertigt wurde (zum Beispiel Maßanzüge), es sich um verderbliche Ware handelt (Lebensmittel) oder – bei Software, CDs oder DVDs – die Verpackung geöffnet (entsiegelt) wurde.

Auch beim Kauf von (gebrauchten) Gegenständen besitzen Sie kein Widerrufsrecht, wenn es sich um private Verkäufer handelt. „Googeln" Sie doch einfach mal nach diesem Stichwort – Sie gelangen schnell zu Rechtsinformationssystemen und dem entsprechenden Paragrafen 355 BGB.

Die Frage ist nur: Wie wird bezahlt? Viele Händler bevorzugen Vorkasse per Überweisung, gern auch per Onlinebanking. Dann sind Sie im Nachteil, falls die Ware nicht eintrifft. Seriöse Anbieter lassen sich auch auf Nachnahme ein. Auch die Onlinezahlung per Kreditkarte ist in der Regel möglich.

In Deutschland haben sich inzwischen auch mehr als 30 ganz unterschiedliche elektronische Bezahlsysteme entwickelt, die den Transfer besorgen (zum Beispiel giropay, Firstgate, PayPal, T-Pay, Sofort-

überweisung). Einige von ihnen lassen sich sogar mit dem Internet-konto Ihrer Bank verknüpfen. Die sicherste Bezahlmöglichkeit ist aber immer noch auf Rechnung, gefolgt von dem Lastschriftverfah-ren. Da haben Sie die beste Möglichkeit, erst einmal die Ware zu prüfen. Allerdings schreiben manche Portale (wie Ebay) ihren An-bietern vor, welche Zahlungsvarianten sie anbieten sollen.

Warentests lesen

Bevor Sie ein Produkt erstehen, werden Sie sich darüber informie-ren wollen, ob es in Tests gut abgeschnitten hat. Wie Sie an die Seiten der Stiftung Warentest kommen, haben Sie bereits erfah-ren. Oder Sie tippen in die Adresszeile einfach www.test.de. Schon die erste Zeile oben auf der Hauptseite steht für die Volltext-suche zur Verfügung. Falls Sie sich einen Überblick verschaffen möchten, finden Sie im Menü Test + Themen zunächst die Rubrik, die Sie suchen. Von dort aus gelangen Sie über die Navigations-leiste links leicht zu Ihrem Ziel.

Geht es Ihnen um ein bestimmtes Produkt, können Sie auch die Seite www.testberichte.de aufsuchen, hier stehen über 200 000 Ergebnisse zur Verfügung, die von der Stiftung Warentest sowie zahlreichen Magazinen verfasst worden sind.

Preissuchmaschinen

Sie ermitteln den für Sie günstigsten Anbieter des gewünschten Produkts. Am bekanntesten sind zum Beispiel www.billiger.de, www.evendi.de, www.geizkragen.de, www.guenstiger.de, www.hardwareschotte.de und www.idealo.de.

Unser Tipp: Verlassen Sie sich nicht auf eine Suchmaschine allein, denn bisweilen werden von einer Suchseite nicht alle Anbieter des

Abb. 16

INFO **PayPal sicherer nutzen**

Der Bezahldienst PayPal von Ebay ist eine weitverbreite Zahlungsmöglichkeit. Der Vorteil: Einmal dort mit seinen Daten angemeldet, braucht man bei einer Bezahlung nur noch auf PayPal klicken, und man wird auf eine PayPal-Seite weitergeleitet. Dort gibt man sein Passwort für PayPal ein und bestätigt den Betrag, der dann dem Verkäufer per E-Mail sofort mitgeteilt, also gutgeschrieben wird. Dieser kann dadurch sehr schnell die Ware verschicken. PayPal bietet auch einen gewissen Käuferschutz, von dem man aber keine Wunder erwarten sollte. Die Rücküberweisung klappt gut, wenn der Händler mitspielt. Stellt der sich stur, ist es schon schwieriger, an sein Geld zu kommen (bzw. PayPal dafür einspringen zu lassen). Die Bedingung dafür diktiert PayPal.

Die große Gefahr bei PayPal besteht darin, dass, wenn irgendjemand Ihren Account und Ihr Passwort gestohlen hat, er eine beliebige Summe auf ein beliebiges Konto überweisen kann.

Sicherer ist es deshalb, bei PayPal mit dem SMS-Sicherheitsschlüssel zu bezahlen. Bei jeder Bezahlung wird Ihnen ein sechsstelliger Zahlencode per SMS auf das Handy geschickt. Mit diesem Code loggen Sie sich dann ein. Der Code ist nur einmal gültig.

Produkts abgefragt. Und wenn Sie von der Suchmaschine zum eigentlichen Onlineshop weitergesurft sind, achten Sie vor dem Kauf eines Geräts sehr genau darauf, dass die technischen Daten tatsächlich mit Ihren Wünschen übereinstimmen und wie hoch die Versandkosten sind.

Vorsicht vor zu großen Schnäppchen!
Wo viel Geld zu verdienen ist, sind Scharlatane und Gauner meist nicht weit. Sie bauen sich professionell aussehende Webseiten,

bieten angebliche Neuware oder leicht gebrauchte Ware zum Schnäppchenpreis an und appellieren an das „Kaufs-jetzt-und-nicht-später"-Gen. Vor Abzocke ist man nicht ganz geschützt, aber es gibt Indizien und Anzeichen, auf die man achten sollte, wenn man im Internet einkauft.

- Gibt es ein Impressum?
- Gibt es eine Telefonnummer (möglichst Festnetz)?
- Gibt es eine Kontakt-E-Mail-Adresse?
- Welche Prüfsiegel stehen auf der Seite?
- Wenn diese echt sind, gelangt man vom Logo direkt auf die Seite der prüfenden Institution?
- Ist der Bestellvorgang abgesichert? Zu erkennen an dem Anfang https://...
- Was sagt die Netzgemeinschaft zur Seite?

Nehmen wir an, wir interessieren uns für ein Schnäppchen in einem Onlineshop, in dem wir noch nie bestellt haben. Laut Kundenmeinung auf der Webseite hat der Shop 5 Sterne und 4,75 von 5,00 Punkten. Ein Klick auf die Bewertung leitet Sie auf die Seite der prüfenden Institution, in diesem Fall „Trusted Shops".
Anhand der Daten kann man auch sehen, wie lange es den Shop schon gibt. Ein Betrüger geht oft so vor, dass für eine gewisse Zeit alles normal und vorbildlich läuft (um viele positive Bewertungen zu bekommen).
Allein auf diese Bewertungen sollte man sich deshalb nicht verlassen, sondern eine Suchmaschine bemühen. Geben Sie dort den Namen der Webseite und „Erfahrung, Test, Vorsicht, Betrug" usw. ein. Schon auf der ersten Ergebnisseite gibt es meist interessante Einschätzungen. Oft bietet der Händler seine Ware auch auf anderen Portalen an, etwa über Amazon oder Ciao.de. Sind hier plötzlich sehr wenige oder negative Bewertungen abgegeben, ist Vorsicht angebracht.
Die Bewertungsportale haben für den Erfolg eines Onlineshops eine wichtige Funktion. Da liegt es natürlich nahe, dass manch ein Händler ein bisschen nachhilft und positive Bewertungen in Auf-

Abb. 17

Abb. 18

Abb. 19

trag gibt. Die herauszufiltern wird aber immer schwieriger, da sich spezielle Agenturen auf das Verfassen von Bewertungen spezialisiert haben. Ein Problem, dass es übrigens auch bei Hotelbewertungen gibt (Seite 154, 158).

Auch Produktbewertungen spielen für die Hersteller eine immer größere Rolle und auch hier wird gerne geschummelt. Bei Amazon kann man deshalb jetzt auch sehen, ob die Bewertung auf einen realen Kauf bei Amazon zurückgeht, in dem Amazon angibt, ob die Bewerter das Produkt auch wirklich gekauft haben.

Betrüger bei Amazon

Betrüger haben auch die Amazonplattform für sich entdeckt, seitdem man dort auch als Privatmensch gebrauchte Produkte verkaufen kann. Der Trick funktioniert so: Hochwertige Waren werden zu einem Schnäppchenpreis angeboten, meist mehr als 50 Prozent unter dem üblichen Verkaufspreis. Als Verkäufer wird entweder ein existierender Shop genannt (der gute Bewertungen hat und dessen Logo gefälscht wurde) oder bei den Informationen steht, dass man den Verkäufer nur über die dort angegebene private E-Mail kontaktieren kann. Der Trick: Legt man die Ware in den Warenkorb und geht zur Kasse, wird der Vorgang abgebrochen. Die Betrüger spekulieren auf das Schnäppchen-Gen und dass sich einige „Kunden" dann per E-Mail melden. Dann schnappt die Falle zu: Per

E-Mail wird mitgeteilt, dass die Ware selbstverständlich zum Verkauf stehe, nur eben nicht über Amazon (denn dann hätte man einen gewissen Käuferschutz). Als Bezahlungsmethode wird eine Überweisung mit einem Geldtransferdienst, zum Beispiel mit Western Union angeboten. Das Geld ist dann weg, wird irgendwo anonym abgehoben. Die Ware gibt es natürlich nicht (Abb. 18, 19).

Im Internet verkaufen

Der Klassiker unter den Verkaufsplattformen ist nach wie vor Ebay. Allerdings befinden viele die Einstellgebühren für zu hoch. Die Alternative im selben Hause sind die Ebay-Kleinanzeigen. Hier sind Anzeigen kostenlos. Ein Versand ist nicht vorgesehen, sodass Angebote vor allem aus der näheren Umgebung interessant sind.

Aber gebrauchte Sachen zum Festpreis kann man auch auf Amazon anbieten. Allerdings konkurriert man dort mit Gebrauchtwarenangeboten von Händlern, die beispielsweise Versandrückläufer oder Ausstellungsstücke präsentieren.

Wer sich den Stress des Selber-Einstellens nicht machen möchte, kann die Ware auch professionellen Händlern anbieten. Der Vorteil: Bereits auf der Webseite erfährt man, was der Händler bereit ist, zu zahlen. Der Versand ist oft kostenlos. Dafür bekommt man natürlich oft nicht so viel, als wenn man selber die Ware eingestellt hätte. Seiten solcher Händler sind zum Beispiel: wirkaufens.de, rebuy.de oder momox.de insbesondere für Bücher, CDs und Handys (Abb. 20).

Versteigerungen: Ebay und andere

Lange Jahre kam man an Ebay (www.ebay.de) nicht vorbei, wenn man im Internet an Auktionen teilnehmen wollte. Und auch heute noch steht Ebay als Marktführer da. Doch mit der Größe kamen die Probleme: Mal klagten Nutzer darüber, dass der Gebrauchtwarenhandel immer stärker durch gewerbliche Anbieter verdrängt werde, mal gaben schwarze Schafe unter den Anbietern Anlass zur Kritik. Dann fühlten sich die gewerblichen Händler nicht mehr korrekt behandelt, schließlich kam mit www.hood.de, www.azubo.de

INFO Falsche Bewertungen erkennen: Darauf sollten Sie achten

- Wie viele Bewertungen liegen vor? Je mehr, desto besser.
- Wie aktuell sind die Bewertungen?
- Gibt es nur positive Bewertungen?
- Sind die Beschreibungen nachvollziehbar oder werblich („muss man haben", „super Teil", „traumhafte Lage", „zuvorkommendes Personal" usw.)?
- Wer hat bewertet? Was hat er sonst schon bewertet?
- Für wen ist die Bewertung geschrieben worden? Bei einem Rechner schreibt die Spieler-Community vielleicht: „schlechte Grafikkarte, sehr langsam", obwohl der Rechner für Normalverbraucher schnell genug ist.
- Auf bestätigte Käufe achten.
- Nicht jede negative Bewertung bezieht sich auf das Produkt, manchmal richtet es sich gegen Fehler des Käufers.

und anderen Anbietern Konkurrenz ins Netz (siehe: www.auktions suche.de, hier werden knapp 150 Internetauktionen nach Ihrem Suchbegriff abgefragt).

Manche Onlineversteigerer haben sich auf bestimmte Produktsparten ausgerichtet, andere wiederum verzichten völlig auf eine

Abb. 20

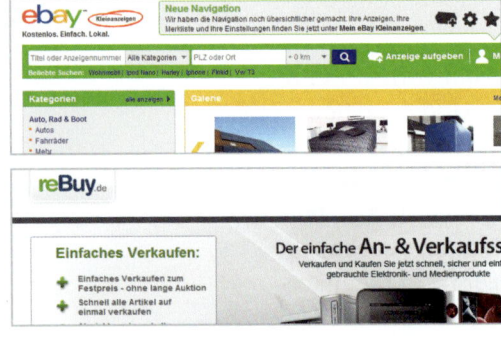

sogenannte Einstellgebühr und nehmen nur prozentuale Anteile vom Verkaufserlös. Azubo etwa veranstaltet Countdown-Auktionen, bei denen der Maximalpreis in einer bestimmten Zeit so lange fällt, bis ein Käufer zuschnappt.

Besuchen Sie ruhig einige dieser Auktionshäuser, sehen Sie sich gründlich um. Auch der Onlineanbieter Amazon entwickelt sich immer mehr auch zum Gebrauchtwarenanbieter von verschiedenen Firmen und Privatpersonen. Nur denken Sie daran: Wenn Sie von privat kaufen, geht es um gebrauchte Gegenstände. Und dann geschieht das ohne Gewähr und Rücknahmepflicht. Deshalb, bei allem Vertrauen: Bleiben Sie lieber vorsichtig und vielleicht auch etwas misstrauisch.

Abb. 21

Inzwischen werden nicht nur Produkte versteigert, sondern auch Dienstleistungen. Handwerker etwa findet man unter www.my hammer.de, www.blauarbeit.de, www.jobdoo.de, www.under tool.de und www.handwerkerauktion.net. Sie bezeichnen die zu erbringende Leistung und erhalten Angebote, unter denen Sie aussuchen können. Der ursprünglich angepeilte Preis kann sich dabei durchaus halbieren – aber auch hier sieht man meist erst hinterher den Unterschied zwischen preiswert und billig. Doch das ist ja stets das Problem, es sei denn, man kennt einen Handwerker, der sich bereits bewährt hat.

GESUNDHEIT

Wenn Sie medizinische Informationen in die Google-Suchzeile eintippen, merken Sie, wie weit das Feld ist, wobei es dem Nicht-Mediziner bisweilen schwerfällt, die so gewonnenen Informatio-

Abb. 22

nen zu bewerten. Schon aus Eigenschutz ist zum Beispiel bei www.netdoktor.de in roter Schrift markiert: „Die Informationen dürfen auf keinen Fall als Ersatz für professionelle Beratung oder Behandlung durch ausgebildete und anerkannte Ärzte angesehen werden. Der Inhalt von NetDoktor.de kann und darf nicht verwendet werden, um eigenständig Diagnosen zu stellen oder Behandlungen anzufangen." Dieser von der Seite zitierte Hinweis sei auch an dieser Stelle deutlichst unterstrichen (Abb. 22).

Als erster Rechercheweg ist das Internet aber gar nicht schlecht, wenn Sie das Problem schon benennen können. Reaktivieren wir beispielsweise mal unseren „Tennisarm", die ungeliebte Epicondylitis. In Google finden sich Hunderte von Seiten, die sich dieses Themas annehmen. Auch hier besteht aber die hohe Kunst darin, die Informationen zu bewerten (siehe Seite 143).

Ärzte, Notdienste

Auch wenn beispielsweise die Seite www.arzt.de viele Informationen bereithält: Bei akuter Lebensgefahr ist das Telefon (112) immer noch schneller!

Unter dem Stichwort Arztbewertung in Google kommen Sie zum Beispiel zu: www.docinsider.de, www.helpster.de und www.medinfo.de.

Krankenhäuser

Auch hier hilft Google weiter: Tippen Sie Krankenhäuser und Ihren Wohnort ein. Sie erhalten schnell eine Übersicht über die Einrichtungen in der Umgebung. Achten Sie allerdings bei häufig vorkommenden Städtenamen (Beispiel: Neustadt) auf die Angabe der Postleitzahl. Interessant ist auch die „Weiße Liste" von Gesundheitsanbietern der unabhängigen Bertelsmann Stiftung www.weisse-liste.de.

REISEN VORBEREITEN

Vor einer Reise steht die Recherche, egal, ob es um das gewünschte Reiseziel geht oder um den Preis. Das Internet hilft. Reiseinformationen findet man dort nun wirklich wie Sand am Meer. www.wikitravel.org/de ist zum Beispiel eines der Portale, an denen ähnlich wie bei Wikipedia viele Nutzer mitarbeiten (Abb. 23).

Aber auch redaktionell aufbereitete Seiten sind eine große Hilfe. Am besten einfach das Reiseziel in eine Suchmaschine eingeben und schauen, was andere so darüber geschrieben haben.

Und wenn dann gebucht werden soll? Langes Anstehen an Schaltern, um ein Ticket zu buchen? Das geht im Internet einfacher. Freilich sind dafür zumeist Online-Anmeldeprozeduren notwendig, und die erfordern oft (zumindest) ein eingeschaltetes Javascript (siehe Seite 63). Achten Sie rechtzeitig vor der Eingabe persönlicher Daten darauf, dass die betreffende Seite mit https-Verschlüsselung arbeitet.

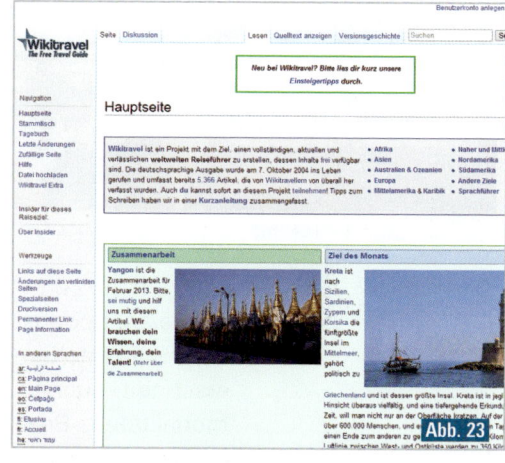

Abb. 23

Abb. 24

Bahnfahrpläne, Tickets buchen

Wann bringt Sie ein Zug ans gewünschte Ziel? Einfach unter www.bahn.de nachschauen (Abb. 24). Sie sehen die Eingabemaske, tippen die erforderlichen Reisedaten ein und gelangen sofort zu den gewünschten Informationen. Zum Buchen der Bahnkarte jedoch müssen Sie sich anmelden und die Zugangsfesseln Ihres Rechners für Javascript lockern (Seite 63).

Abb. 25

Billigflüge suchen & buchen

Tippen Sie bei Google Billigflüge als Suchbegriff ein, vielleicht noch kombiniert mit Abflugs- und Zielort. Betrachten Sie die Vielzahl der Suchergebnisse. Picken Sie sich nacheinander mehrere Suchseiten heraus und vergleichen Sie die Angebote.

Schauen Sie zum Beispiel bei www.billig fluege.de, fluege.de, expedia.de und auch direkt bei den Low-Cost-Airlines nach. Denn nicht immer zeigen die Portale die aktuellen Preise an. Bedenken Sie, dass Sie für eine Buchung sehr häufig eine Kreditkarte bereithalten müssen. Falls Ihnen das zu gefährlich erscheint, suchen Sie nach Hinweisen auf alternative Zahlungsmodalitäten. Bezahlung per Rechnung oder Überweisung sind bessere Alternativen (wenn es nicht ganz so schnell gehen muss).

Erfahrungen von anderen Reisenden

Es ist verschiedentlich schon angeklungen: mit Bewertungen ist's so eine Sache. Bei Erfahrungsberichten über Hotels und Pauschalreisen kommt zu dem (ehrlich gemeinten) subjektiven Empfinden noch etwas hinzu, was Sie beim Lesen solcher Einträge stets berücksichtigen sollten: Womöglich handelt es sich um einen vom jeweiligen Unternehmer bestellten Beitrag. Seien Sie also bei großem Jubel eher misstrauisch. Achten Sie darauf, dass möglichst viele Fakten geschildert werden – und auch die sollten Sie nicht kritiklos glauben, sondern nach Ihren Möglichkeiten auf Stimmigkeit und Plausibilität prüfen. In test 11/2012 schnitt übrigens www.holidaycheck.de bei einem Vergleich mehrerer Portale am besten ab.

1 Googeln Sie den Suchbegriff Hotelbewertungen.

2 Suchen Sie nacheinander mehrere Bewertungsseiten auf.

3 Suchen Sie sich jeweils das Reiseziel aus (Ort / Hotel).

4 Prüfen Sie dabei auch kritische Einträge, vergleichen Sie die Kritikpunkte mit Ihren Präferenzen (Sauberkeit, Ruhe, Angebote für Aktivitäten etc.).

5 Googeln Sie (bei generell positivem Eindruck) direkt nach dem Hotelnamen mit Eingabe des Ortes und dem Begriff Bewertung. So gelangen Sie zielgerichteter zu den gewünschten Ergebnissen.

Abb. 26

6 Da immer mehr gefälschte Meinungen eingestellt werden, worunter auch die Portale und nicht nur die Gäste zu leiden haben, ist beispielsweise Holidaycheck.de auch dazu übergegangen, vor Anbietern mit offensichtlich geschönten Bewertungen zu warnen.

DER DIGITALE SUPERATLAS

Wie wäre es mit einem Blick auf die Welt, auf Ihren Wohnort, auf den Ihrer Freunde oder auf einer der Sehenswürdigkeiten in aller Welt? Möchten Sie eine Reiseroute planen? Oder einen Ort auf einer Landkarte ansehen? Das Internet bietet Ihnen das alles.

Die digitalen Landkarten

Google Maps ist eine Landkarte. „Auch" könnte man sagen, denn es ist deutlich mehr und bietet viele Funktionen wie einen Routenplaner, Satellitenansichten, mit Google StreetView (zu erkennen am orangefarbenen kleinen Männchen, Abb. 27) auch eine Straßenansicht. Letztere ist in Deutschland noch lange nicht vollständig, in anderen Ländern sind dagegen selbst kleinste Waldwege schon abgefahren worden. Google Maps finden Sie auf der Google-Seite (Abb. 28).

Abb. 27

So mächtig Google auch ist, die besten Landkarten bietet das Unternehmen nicht in jedem Fall, insbesondere für das europäische

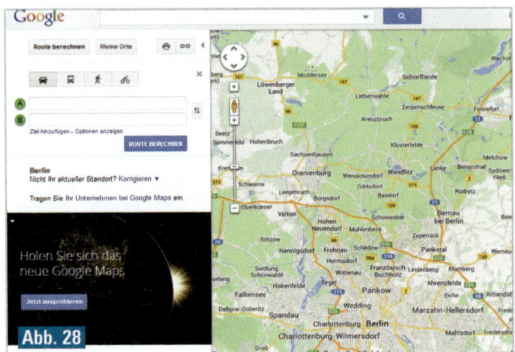

Abb. 28

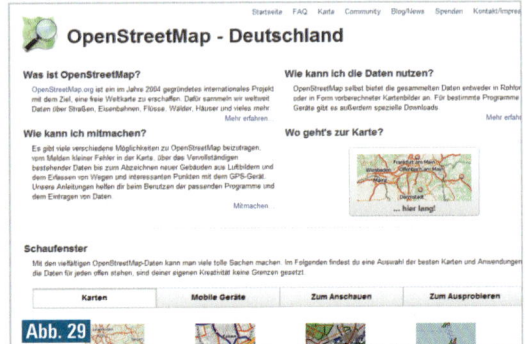

Abb. 29

Ausland. Es lohnt sich immer, nach Alternativen zu suchen. Die staatlichen Vermessungsämter bieten oft gute Onlinekarten an – leider oft sehr versteckt.

Ein Projekt, das von der Gemeinschaft lebt, ist www.openstreet map.org. Ziel ist es, eine freie Weltkarte zu erschaffen. Die Karten werden immer genauer, weil jeder Veränderungen und Verbesserungen einbringen kann (Abb. 29).

Google Earth

Das Programm ist praktisch ein digitaler Globus, die festinstallierte Variante von Google Maps (Abb. 30). So installieren Sie es:

1 Rufen Sie Google auf.

2 Betrachten Sie die Menüleiste, klicken Sie auf Mehr.

3 Suchen Sie aus der Auswahl Earth heraus.

4 Laden Sie die kostenlose Version herunter, sie ist schon eindrucksvoll genug.

5 Installieren Sie das Programm und starten Sie es.

6 Geben Sie unter Anfliegen eine Adresse ein – es wird eine Punktlandung (je nach der Leistungsfähigkeit Ihres Rechners kann's aber auch etwas ruckelig werden).

7 Betrachten Sie die Leiste links: Sie können Adressen als Meine Orte speichern, Sehenswürdigkeiten und zahlreiche zusätzliche Ebenen (Wetter, interessante Orte) auswählen.

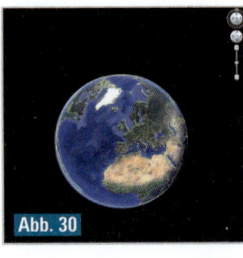

Abb. 30

Stadtpläne

Unter Google können Sie sich
auch Stadtpläne ansehen:

Abb. 31

1 Rufen Sie Google auf. Für die folgenden Funktionen benötigen Sie Javascript, also: Doppelklick auf das Internetsymbol unten rechts auf der Statuszeile, dann auf das Häkchen Vertrauenswürdige Sites_Sites_Hinzufügen_Schließen_ OK.

2 Betrachten Sie die Menüleiste, klicken Sie auf Maps.

3 Geben Sie die gesuchte Adresse ein – oder lassen Sie sich die Route zwischen zwei Adressen anzeigen (Abb. 31).

Allerdings gibt es eine Vielzahl von Stadtplan-Anbietern, „googeln" Sie den Begriff Stadtpläne einfach und betrachten Sie die Anbieter. Auch hier werden Sie allerdings überall Javascript benötigen, also suchen Sie sich einen bekannten, vertrauenswürdigen Namen wie Falk oder Michelin heraus.

INTERNETBANKING

Dieses abendfüllende Thema wird hier nur kurz angeschnitten. Viele scheuen sich vor Internetbanking, gehen lieber in ihre Filiale. Doch immer mehr Banken und Sparkassen drängen ihre Kunden ins Internet. Das spart Kosten und ist natürlich eigentlich auch sehr praktisch. Außerdem spart es Ihnen Zeit. Der Vorteil des Onlinebankings: Sie können Ihre Bankgeschäfte zu jeder Tageszeit abwickeln und Überweisungen zeitnah auslösen. Seien Sie sich dennoch der Tatsache bewusst, dass Sie damit trotz aller Vorsichtsmaßnahmen gewisse Risiken eingehen (Gefahr durch „Phishing", Seite 115).

Bei einer Überweisung sind unterschiedliche Sicherheitsseile eingezogen. Noch üblich ist das TAN-Verfahren (PIN/TAN oder iTAN),

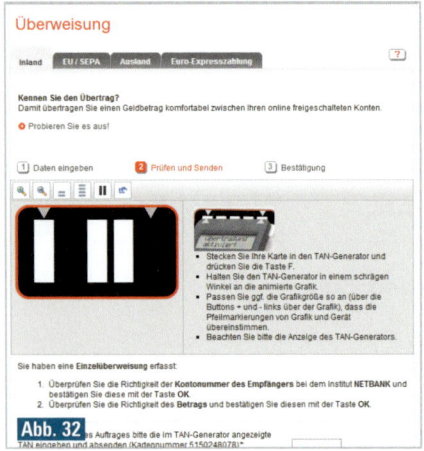

Abb. 32

bei dem der Kunde eine gedruckte Liste mit Zahlenkombinationen bekommt, die er dann bei der Überweisung eingeben soll. Das Verfahren ist nicht ganz so sicher, denn die TANs können abgefangen werden. Deshalb haben schon einige Geldinstitute das Verfahren hin zu Chip-TAN oder smsTAN (auch mTAN genannt) umgestellt.

Welches Verfahren besser oder sicherer ist? Das hängt vom Einsatzgebiet ab. Beim smsTAN braucht man neben dem normalen Internetanschluss noch ein Handy, denn auf dieses wird die SMS geschickt. Es werden also zwei Medien (Computer und Handy) eingesetzt. Die SMS enthält noch mal alle Daten. Allerdings ist auch dieses Verfahren schon gehackt worden. Das Verfahren ist ortsungebunden. Hauptsache, man hat sein Handy dabei.

Beim ChipTAN-Verfahren läuft es ein bisschen anders. Zunächst braucht man einen TAN-Generator, der kostet rund 10 Euro – funktioniert aber institutsübergreifend. In diesem muss für eine Überweisung die EC- oder Bankkarte gesteckt werden und dann auf ein spezielles Feld auf dem Bild gehalten werden (Abb. 32).

Auf dem Display werden dann die Daten, also das Konto des Empfängers und die Summe, angezeigt. Man bestätigt dies auf dem TAN-Generator und die Überweisung wird ausgelöst.

Das Verfahren gilt nach derzeitigem Stand als sehr sicher. Nachteile: Man muss sich ein Gerät kaufen, und wenn man das Gerät zu Hause vergessen hat, kann man von unterwegs keine Überweisung tätigen.

Apps fürs Onlinebanking

Fast jede Bank bietet für Android- und iOS-Smartphones eine eigene – meist kostenlose – App an. Es gibt aber auch Fremdanbieter, die überwiegend über umfangreiche Funktionen verfügen. Das Onlinebanking über das Smartphones ist bequem. Auch hier funktionieren mTAN und SMS-TAN. Aber Achtung: Wenn die Kommunikation und Transaktion nur über ein Smartphone erfolgt, übernimmt die Bank meist keine Haftung, wenn die Daten abgefangen werden. Man braucht also ein zweites Smartphone oder Handy, über das die SMS geschickt wird.

FERNSEHEN UND VIDEOPLATTFORMEN

Aufgrund schneller Internetverbindungen wird auch das Fernseh- und Videoschauen über das Internet immer beliebter. Alle großen deutschen Fernsehsender bieten Teile ihres Programms auch zum nachträglichen Anschauen an. Selbst komplette Spielfilme können dort am Bildschirm geschaut werden. Sie können Nachrichtensendungen dann schauen, wenn Sie möchten, auch Talkshows werden über das Internet verbreitet.

Gehen Sie zur Probe einfach mal auf www.zdf.de/ZDFmediathek#/hauptnavigation/startseite (beachten Sie die Großbuchstaben). Dort finden Sie das Angebot des ZDF – also auch dessen Angebote wie ZDFinfo, ZDFneo, ZDF.kultur und 3sat, Abb. 34). Die ARD bietet ihr Programm unter www.ardmediathek.de an, ihre einzelnen Sendeanstalten haben noch jeweils eigene Mediatheken (Abb. 33). Bei Arte heißt der Service plus7. Mit ihm kann man

Abb. 33

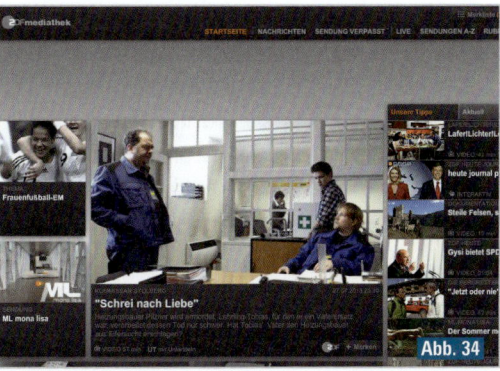

Abb. 34

verpasste Sendungen im Netz anschauen, die jeweils maximal eine Woche zuvor ausgestrahlt wurden: www.arte.tv/guide/de/plus7. Auch die privaten Fernsehanstalten haben entsprechende Mediatheken.

Auch jede Menge Videos findet man im Internet. Die bekannteste Plattform ist sicherlich www.youtube.de, dort werden von Privatleuten private Videos aber auch Mitschnitte von Fernsehsendungen und Kinotrailer hochgeladen. Immer beliebter werden dort auch Musikvideos. Weitere Plattformen sind www.myvideo.de und www.vimeo.de.

INTERNETRADIO UND MUSIK-STREAMING

Im Internet warten weltweit Tausende von Radiostationen darauf, von Ihnen gehört zu werden. Meist reicht zum Anhören der mit Windows gelieferte Windows Media Player.

Komfortabler geht es aber mit einem extra Programm, sodass sie nicht mehr auf den Seiten der Anbieter surfen müssen, um vielleicht fernab der Heimat Ihren Lokalsender zu hören. Bekannte Programme sind die kostenlosen Player Phonostar (Download: www.phonostar.de) und Shoutcast (www.shoutcast.com) sowie kostenpflichtige Programme wie der Radiotracker oder Magix Webradio. Sein eigenes Radioprogramm kann man sich bei Last.fm zusammenstellen.

Sehr praktisch sind kompakte Webradios, die wie ein Küchenradio funktionieren, sich automatisch über WLAN die Sender aus dem Internet besorgen und so auch kabelungebunden die große Radiovielfalt in die gesamte Wohnung bringen.

Immer beliebter werden Musikstreaming-Dienste. Diese verschaffen ihren Nutzern Zugang zu einer riesigen Musikauswahl im Netz. Die Musiksammlung liegt nicht auf dem heimischen Rechner, verbraucht keinen Speicherplatz und steht zudem an jedem Ort mit Internetzugang zur Verfügung. Darüber hinaus lässt sie sich auch mit dem Smartphone nutzen. Will der Nutzer einen Song hören, lädt er ihn Stück für Stück in einen temporären Speicher herunter, während er das Lied bereits hört. Nach Beenden des Internetbrowsers wird die Datei automatisch aus dem temporären Speicher gelöscht. Dieses Verfahren nennt sich „Streaming". Die Stiftung Warentest hat im Juli 2013 die Premium-Angebote von neun Streaming-Diensten getestet. Für 5–10 Euro im Monat – manchmal

sogar kostenlos, mit Werbeeinblendungen – können Musikfans bei einem solchen Angebot mit dem PC, dem Smartphone oder dem Tablet auf das Repertoire zugreifen. Das Fazit der Tester: Die Musikauswahl überzeugt, weist aber prominente Lücken auf. Die Klangqualität ist sehr gut oder gut. Schwächen gibt es bei den KundenInformationen und dem Umgang mit Nutzerdaten.

Nutzer von Mac-PCs, iPads, aber auch Windows Phone sollten vorher überprüfen, ob es für ihr System überhaupt eine entsprechende App gibt. Im Test zeigte sich auch: Insbesondere die Android-Apps versendeten überflüssige Nutzerdaten. Viele Anbieter locken mit einer kostenlose Testphase. Doch Vorsicht: Die Probezeit geht automatisch in einen kostenpflichtigen Vertrag über, wenn man nicht rechtzeitig kündigt.

BEKANNTE MUSIK-STREAMINGDIENSTE

www.spotify.com
www.simfy.com
www.napster.com
www.deezer.com
www.rdio.com

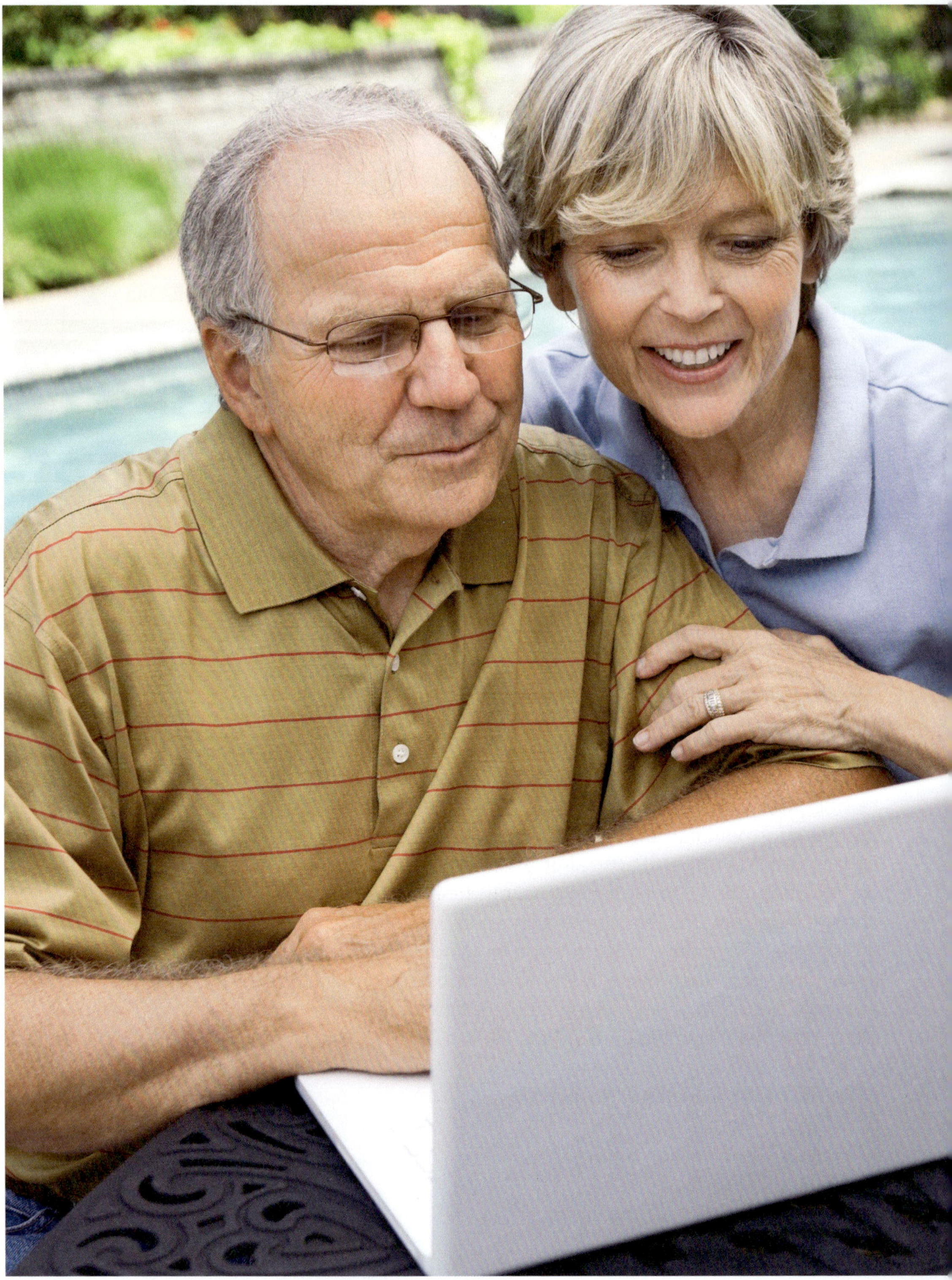

TEXT UND BILD
SICHERN

Viele Informationen im Internet können schnell wieder verschwunden sein. Es macht also Sinn, wenn man interessante Texte und Bilder auf dem eigenen Rechner speichert. Auf diese Weise können Sie auch Informationen aus verschiedenen Quellen miteinander verbinden. Wie das geht, zeigen wir hier am Beispiel von Word 2010 und dem Internetbrowser Chrome.

TEXT IN EIN (WORD-)DOKUMENT KOPIEREN

■ Wenn Sie beim Internetsurfen auf eine interessante Seite stoßen, lassen Sie diese geöffnet und starten Sie Ihr Textverarbeitungsprogramm durch Klicken auf das Word-Icon auf dem Desktop oder auf Start_Alle Programme_Microsoft Word.
■ Markieren Sie im Browser den Text (oder die Grafik).

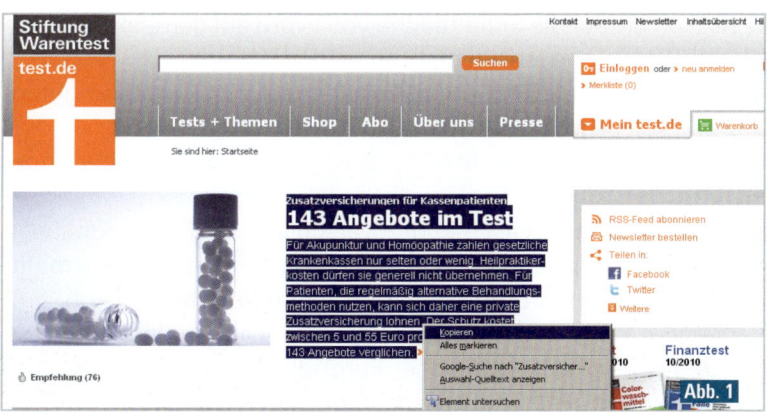

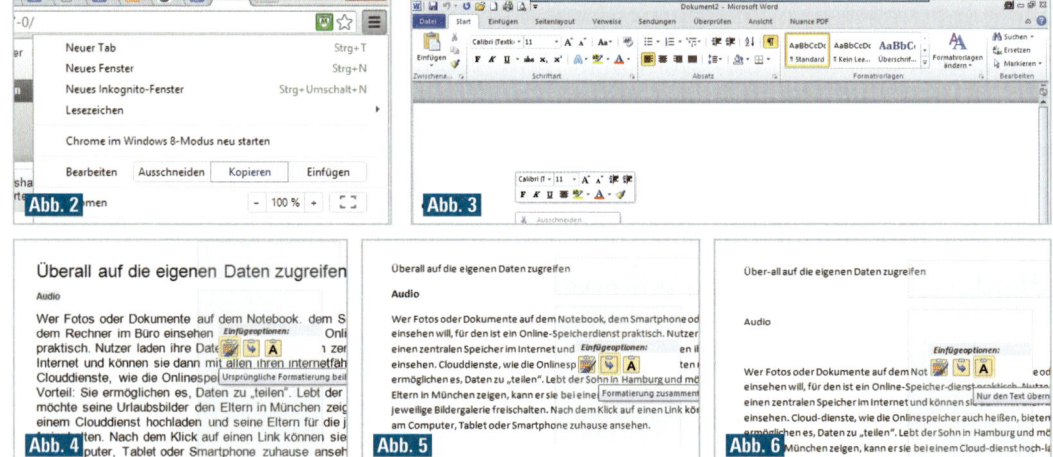

1 Platzieren Sie den Cursor dazu am Anfang der gewünschten Textpassage. Halten Sie die linke Maustaste gedrückt, während Sie die Maus über den Text hinwegziehen, sodass er mit einer dunklen Farbe hinterlegt wird (Abb. 1).

2 Wählen Sie Bearbeiten_Kopieren, oder klicken Sie auf die rechte Maustaste und dann auf Kopieren. Sie können, wie so oft, natürlich auch mit der rechten Maustaste klicken und aus dem Kontextmenü Kopieren wählen (Abb. 2).

3 Klicken Sie auf die Schaltfläche von Word auf der Taskleiste und öffnen Sie eine neue Datei.

4 Platzieren Sie die Einfügemarke genau da, wo der Text eingefügt werden soll (Abb. 3).

5 Klicken Sie auf die rechte Maustaste. Ein kleines Fenster öffnet sich.

6 Sie können nun zwischen drei verschiedenen Einfügeoptionen auswählen: Ursprüngliche Formatierung beibehalten, Formatierungen zusammenführen, Nur den Text übernehmen (Abb. 4–6). Fahren Sie kurz mit dem Mauszeiger über die einzelnen Symbole, so sehen Sie gleich, in welcher Form der Text eingefügt werden würde. Klicken Sie auf die Ansicht, die Ihnen zusagt.

7 Die Funktion Ursprüngliche Formatierung beibehalten ist insbesondere auch dann sinnvoll, wenn Sie gleichzeitig Bilder oder Grafiken mit einem Text zusammen kopieren und einfügen möchten. Dazu markieren Sie einfach auf der Internetseite sowohl das Bild als auch den Text.

BILD AUS INTERNETSEITE EINFÜGEN

1 Gehen Sie im Internet-Zugriffsprogramm auf das Bild, welches Sie kopieren möchten. Klicken Sie im Bildbereich die rechte Maustaste. Ein kleines Fenster öffnet sich, gehen Sie dort auf Grafik kopieren (Abb. 7).
2 Wechseln Sie zu Word. Gehen Sie mit der Maus an die gewünschte Stelle, an der Sie das Bild einfügen möchten.
3 Klicken Sie auf die rechte Maustaste, ein kleines Fenster öffnet sich; gehen Sie unter Einfügeoptionen auf Einfügen, im Hintergrund sehen Sie bereits, wie das eingefügte Bild aussehen würde. Klicken Sie auf Einfügen und das Bild befindet sich in Ihrem Textdokument (Abb. 8).

Abb. 7

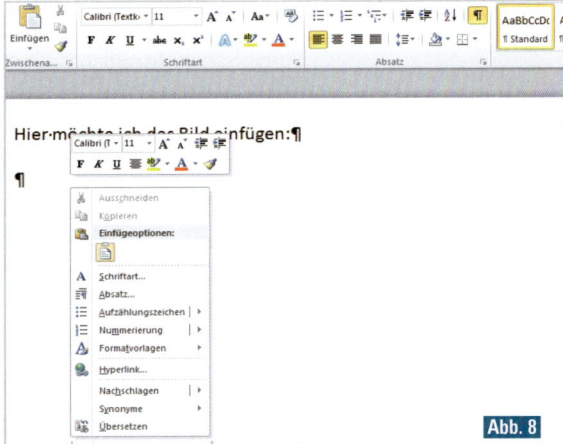

Abb. 8

SCREENSHOT ANFERTIGEN UND IN WORD INTEGRIEREN

Einen Screenshot einer Webseite können Sie komfortabel mit speziellen Programmen (zum Beispiel Ashampoo Magical Snap) anfertigen. Aber auch die Windows-Bordmittel reichen aus, um schnell mal eine Webseite zu sichern (beispielsweise, wenn Sie etwas im Internet bestellt haben):

1 Öffnen Sie im Internetbrowser die Seite www.test.de.

2 Drücken Sie dann gleichzeitig die Shift-Taste ⇧ und die Drucken-Taste 🔲. Unbemerkt wird dabei im Arbeitsspeicher des Rechners ein Foto von der Bildschirmansicht („Screenshot") angefertigt.

3 Wechseln Sie zu Word. In Word 2010 gibt es eine sehr einfache Möglichkeit, einen oder mehrere Screenshots in einen Text einzufügen.

4 Wechseln Sie zum Reiter Einfügen und dort im Bereich Illustrationen auf Screenshots. Rechts sehen Sie ein kleines Dreieck. Klicken Sie dort drauf, dann öffnet sich ein Fenster mit allen in der jüngeren Vergangenheit angefertigten Screenshots (Abb. 9).

5 In unserem Beispiel ging es uns um einen Screenshot der Startseite der Stiftung Warentest.

Klicken Sie mit der Maus auf den gewünschten Screenshot im Übersichtsfenster, sofort wird das Bildschirmfoto in den Text eingefügt (Abb. 10).

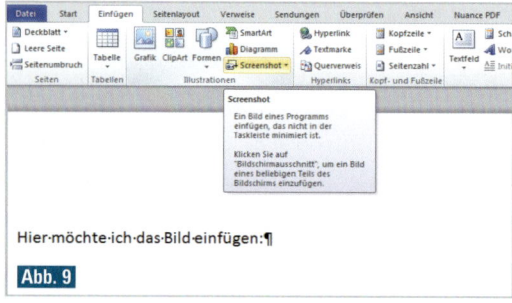

Abb. 9

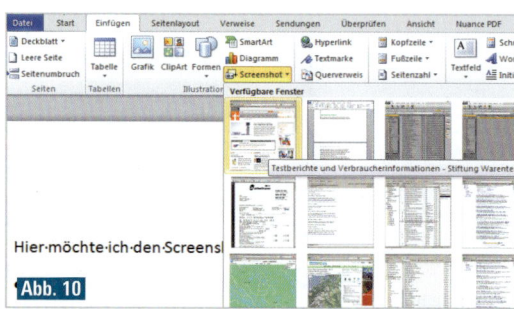

Abb. 10

6 Sie können es dann auch in der Größe verändern (mit der Maus an den Rand des Bildes gehen und ziehen) und die Word-Datei später abspeichern oder ausdrucken (Abb. 11).

Bildschirmfotos mit Snap anfertigen

Mit Ashampoo Snap wird die komplette Seite erfasst, also der Bildschirm automatisch gescrollt (als wenn Sie mit der Maus am rechten Bildlaufbalken ziehen). Diese Funktion kann vor allem wichtig, sein, wenn man beispielsweise AGBs, gekaufte Artikel oder Buchungen komplett zur Dokumentation erfassen möchte. Die aktuellste Version von Snap kostet Geld, während die Vorgängerversion jeweils kostenlos angeboten wird. Derzeit ist Snap 5 gratis zu bekommen.

Abb. 11

Folgen Sie den Anweisungen zur Installation. Bei den Einstellungen sollten Sie insbesondere Dateiname und Speicherort der Fotos beachten.

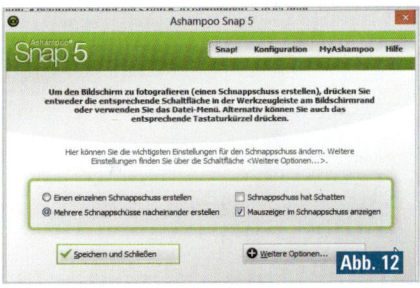

Abb. 12

Screenshots auf Smartphones und Tablets

■ Android-Smartphones: Drücken Sie gleichzeitig Einschalttaste und Home-Button für zwei Sekunden. Ein Hinweis erscheint, dass der Screenshot erstellt wurde.

■ Android-Tablets: Drücken Sie Einschalttaste und Leisertaste. Nach dem Verschlusssignal (der Bildschirm verkleinert sich kurz) finden Sie den Screenshot im Ordner Pictures_Screenshots.

■ iPhone und iPad: Drücken Sie gleichzeitig Ein/Aus-Taste und Home-Button. Der Screenshot wird automatisch unter Fotos gespeichert.

■ Windows 8 Phone: Drücken Sie gleichzeitig die Windows-Starttaste und die Ein/Aus-Taste. Der Screenshot wird im Album Screenshots gespeichert. Sie erreichen den Ordner über Fotos_Alben.

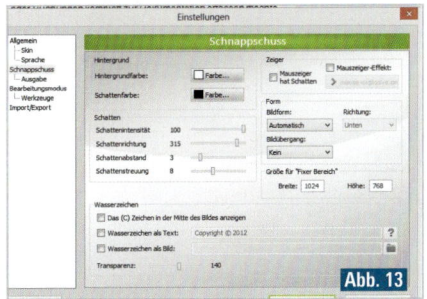

Abb. 13

E-MAIL, CHAT & VIDEOTELEFON

„Sie haben Post". Der kostenlose elektronische Brief ist aus der Welt des Internets nicht mehr wegzudenken. Eine persönliche E-Mail-Adresse ist schnell eingerichtet, doch ein bisschen auf Privatsphäre und Schutz sollte man schon achten. Mit Programmen wie Skype kann man über das Internet in die ganze Welt telefonieren – kostenlos und mit Bildübertragung.

E-MAIL: DAS BRAUCHEN SIE

E-Mail, also elektronische Post, die über das Internet verschickt wird, ist heute das beherrschende Medium für den schriftlichen Informationsaustausch: schnell, billig und weltweit. Und so gut wie alles, womit Sie auf dem Computer ohnehin umgehen, lässt sich an E-Mails anhängen – also Fotos, Videos, Musikstücke und Sprachaufnahmen sowie ganze Mappen von Tabellenkalkulationen. Eine Grenze findet sich allenfalls in der vom Provider vorgegebenen Mengenbeschränkung (z. B. 5 oder 20 Megabyte pro Mail). Ihr eigenes elektronisches Postfach können Sie sich kostenlos bei Ihrem Internetprovider einrichten. Sie bekommen es auch bei sogenannten Freemail-Anbietern wie GMX (www.gmx.net) und WEB.DE (www.web.de), Google (www.google.de/mail) und Hotmail (www.hotmail.com). Auch DSL-Anbieter wie Telekom und Vodafone bieten kostenlose E-Mail-Dienste an. Bei Gratisangeboten für Postfächer müssen Sie freilich mit leichten Einschränkungen rechnen – etwa bei der Größe des Postfachs, bei der maximalen Größe der zu sendenden oder zu empfangenden E-Mails oder dass am Rande Werbung zu lesen ist.

Zwar wird Ihnen überall die Möglichkeit eingeräumt, die Post online im Postfach selbst zu sortieren und zu beantworten, Sie können diese aber auch auf Ihren Rechner runterladen lassen. Dann können Sie die Mails unabhängig von der Internetverbindung bearbeiten und archivieren. Dafür benötigen Sie ein Mailprogramm wie Outlook Express oder Windows Mail. Sie können aber auch Mailprogramme anderer Anbieter einsetzen, zum Beispiel Thunderbird (www.mozilla.org) oder Eudora (www.eudora.com). Kunden von T-Online können auch das firmeneigene Mailprogramm installieren. Wir beschäftigen uns hier aber nur mit webbasierten Mailprogrammen, die sehr einfach bei der Installation sind.

E-Mail: Die Risiken

Das Thema Sicherheit ist nicht nur beim Surfen (Seite 113), sondern auch für die elektronische Post von großer Bedeutung: Schadprogramme wie Viren, Würmer, Trojaner und Spyware (Sei-

INFO Drei Wege zur E-Mail

1. Hypertext Transfer Protocol (HTTP): Sie können mit Ihrem Internetbrowser auf die Homepage Ihres Anbieters gehen und Ihre Mails dort bearbeiten. Dazu benötigen Sie kein Mailprogramm, denn es stehen dort Bearbeitungsfenster zur Verfügung. Die Mails bleiben beim Provider gespeichert.
2. Post Office Protocol (POP): Sie verwenden ein Mailprogramm und holen sich Ihre Post bei Ihrem Anbieter ab. Nach der Übertragung auf Ihren Rechner wird sie beim Anbieter gelöscht. Dies ist der bislang meistgenutzte Weg, um an die Mails zu gelangen. Wir stellen diesen deshalb auf den nächsten Seiten vor.
3. Internet Message Access Protocol (IMAP): Sie verwenden ein Mailprogramm und erhalten Kopien der E-Mails auf Ihren Rechner. Die Mails bleiben auf dem Server des Provi-

ders. Ein Synchronisationsverfahren sorgt dafür, dass die Nachrichten anschließend auch offline (ohne aktive Verbindung ins Internet) gelesen und bearbeitet werden können. Ihre „Briefe" werden beim nächsten Kontakt mit dem Konto versandt.

te 115) missbrauchen vor allem die Funktionen der weitverbreiteten Microsoft-Programme Internet Explorer und Outlook Express-/Windows Mail, um sich einzunisten und weiterzuverbreiten. So spionieren viele Schadprogramme das Adressbuch von Outlook/Windows Mail aus und versenden sich selbst an alle Einträge: Unter Ihrem Namen und ohne Ihr Wissen werden dann Ihre Freunde und Kontaktpartner von einem Virus attackiert! Wie immer gilt: Vorbeugen ist besser als Reparaturversuche.

So schützen Sie sich und andere

■ Legen Sie für den Zugriff auf Ihr Postfach ein sicheres, schwer zu knackendes Passwort fest (mindestens acht Zeichen lang, Buchstaben, Zahlen und Sonderzeichen gemischt).

■ Aktivieren und nutzen Sie Schutzprogramme Ihres Maildienstes (insbesondere den dort meist integrierten Virenschutz und den Schutz vor ungebetenen Werbemails, den „Spamfilter").

■ Öffnen Sie keine Dateianhänge von unbekannten Absendern – und auch nicht von Freunden, falls Ihnen die Betreffzeile und der Text der E-Mail komisch vorkommen beziehungsweise fremdsprachig sind (obwohl der Absender sonst mit Ihnen in deutscher Sprache verkehrt). Löschen Sie diese Mail oder fragen Sie den Absender, ob er die Mail selbst und absichtlich verschickt hat.

■ Aktualisieren Sie Ihr Mailprogramm regelmäßig, um Sicherheitslücken zu stopfen.

■ Richten Sie sich mehrere Postfächer ein, eines als sparsam weitergegebene Adresse für gute Freunde, ein anderes für nicht so sichere Aufgaben und „öffentliche" Verwendungen. Letzteres sollten Sie anschließend nur im Internetbrowser auf der Seite des Providers öffnen, die Mails dort (vor dem Herunterladen auf Ihren Rechner) erst einmal inspizieren und Auffälliges gegebenenfalls löschen. Und falls der Werbemüll in diesem Fach überläuft, wird's einfach abgemeldet – Ihre Freunde erreichen Sie weiterhin über die erste, die sichere Adresse.

■ Stoppen Sie unerlaubte Internetzugriffe, die von Ihrem Rechner ausgehen könnten, wenn er durch ein Schadprogramm infiziert wurde. Die dafür notwendige Firewall (siehe Seite 128) sollten Sie bereits auf dem Rechner installiert haben.

■ Wenn Sie diese Ratschläge befolgen und Ihren (Gratis-)Virenschutz stets aktuell halten, sollten Sie schon recht gut geschützt sein. Sie können aber auch ein (kostenpflichtiges) Antivirusprogramm mit explizitem Mailschutz einsetzen.

Ein Postfach eröffnen: Ihre Adresse

Bei der Anmeldung zu einem Maildienst erhalten Sie eine unverwechselbare, nur einmal vergebene Mailadresse. Sie kann beispielsweise so aussehen: mustermann@t-online.de, aber auch: liese@mustermann.de.

Wie Sie sehen, besteht eine E-Mail-Adresse aus zwei Teilen, die durch das @ („ät"-Zeichen) getrennt sind. Links vom @ steht ein Name, den Sie sich weitgehend nach eigenen Vorstellungen aussuchen können. Einzige Bedingung: Er darf noch nicht vergeben sein – sonst würden ja zwei verschiedene Nutzer auf ein Postfach zugreifen! Rechts vom @ steht das Kürzel des Dienstanbieters, gefolgt von einem Punkt und dem Kürzel der Domäne. Das kann ein Länderkürzel sein wie „.de", es kann aber auch das Kürzel einer Einrichtung (wie „.net" oder „.com") sein.

E-Mail-Fächer beim Provider einrichten

Zum Einrichten des ersten Postfachs bei Ihrem Provider benötigen Sie die Ihnen schriftlich zugesandten und nur Ihnen bekannten Zugangsdaten. Schließlich müssen Sie sich als Berechtigter identifizieren, sonst könnte ja jeder Zugriff nehmen. Der Anmeldevorgang und die Formulare mögen von Provider zu Provider anders aussehen, das Ritual jedoch ist stets dasselbe.

1 Suchen Sie mit Ihrem Internetbrowser die Hauptseite Ihres Providers auf.

2 Schalten Sie gegebenenfalls für diese Seite Javascript frei (siehe Seite 63).

3 Suchen Sie auf der Hauptseite einen Link mit der Aufschrift E-Mail und klicken Sie darauf.

4 Dort finden Sie einen weiteren Link für das Einrichten einer neuen Mailadresse. Klicken Sie darauf.

5 Spätestens hier werden Sie nach den Ihnen zugesandten Zugangsdaten gefragt. Geben Sie sie ein.

6 Meist erscheint nun ein Eingabefeld für Ihre neue Mailadresse. Geben Sie den von Ihnen gewählten Wunschnamen ein. Es wird geprüft, ob er noch verfügbar oder bereits vergeben ist. Sie bleiben so lange in dieser Schleife, bis Sie Ihre individuelle Adresse gefunden haben.

7 Danach geht es ums Passwort: Denken Sie sich eines aus, das nicht zu einfach zu erraten ist (mindestens acht Zeichen lang, Buchstaben, Zahlen und/oder Sonderzeichen gemischt). Bauen Sie sich dazu eine Eselsbrücke, etwa so, wie man sich die Namen der Planeten unseres Sonnensystems leicht merkt: Mein Vater erklärt mir jeden Sonntag unsere neun Planeten = Merkur, Venus, Erde, Mars, Jupiter, Saturn, Uranus, Neptun, Pluto. Und da Letzterer leider nicht mehr uneingeschränkt als eigenständiger Planet gilt, nehmen wir für ihn ein Fragezeichen, für die Erde vielleicht ein Ausrufezeichen. Das Beispielpasswort sähe dann so aus: MV!mjSuN?. Wenn wir dafür die Groß- und Kleinschreibung beachten, kommt so schnell niemand sonst darauf.

8 Manche Provider erbitten anschließend überdies ein Sicherheitswort, für den Fall, dass Sie das Passwort vergessen haben sollten und ein neues einrichten möchten. Hier bieten sich die unvergesslichen Kennzeichen Ihrer ersten beiden Autos an oder ähnlich ausgefallene Kombinationen.

Einrichtung eines kostenlosen E-Mail-Postfachs

Falls Sie bei keinem Provider wie der Telekom sind oder ein zusätzliches Postfach einrichten möchten (um zum Beispiel bestimmte Korrespondenzen nicht über die Haupt-Mailadresse abwickeln zu müssen), richten Sie sich doch ein kostenloses zusätzliches Postfach ein. Wir können an dieser Stelle natürlich nicht sämtliche Freemail-Anbieter vorstellen, zeigen aber am Beispiel der Einrichtung einer kostenlosen E-Mail-Adresse bei T-Online, wie die Anmeldung prinzipiell funktioniert.

1 Gehen Sie mit dem Internetbrowser auf www.t-online.de. Rechts oben klicken Sie auf E-Mail kostenlos einrichten.

2 Ein neues Fenster öffnet sich. Geben Sie dort die Informationen wie Name, Anrede und Geburtsdatum ein (Abb. 1).

3 Nun können Sie Ihre Wunsch-E-Mail-Adresse eingeben und die Verfügbarkeit prüfen. Weiter unten schlägt Ihnen das Programm auch passende E-Mail-Adressen vor.

4 Ist Ihre Mailadresse noch frei (Beispiel „Seniorentest")? Prüfen Sie die Verfügbarkeit mit einem Klick auf die kreisenden Pfeile. Falls nicht, probieren Sie andere Namen aus – oder wählen Sie aus den Vorschlägen (Abb. 2).

5 Geben Sie nun noch ein Passwort ein und notieren Sie sich das Passwort.

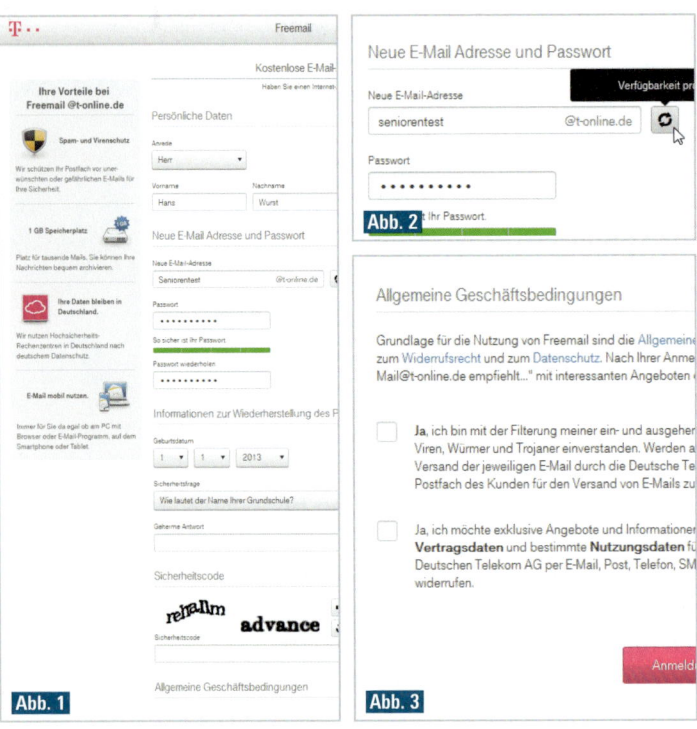

Abb. 1

Abb. 2

Abb. 3

6 Zudem müssen Sie eine Sicherheitsfrage auswählen, zum Beispiel: „Wie ist der Geburtsname Ihrer Mutter?" (siehe dazu Seite 134).

7 Unten erscheint ein Sicherheitscode. Geben Sie die Zahlen- und Buchstabenkombination ins Feld ein.

8 Sie müssen noch den Allgemeinen Geschäftsbedingungen zustimmen. Klicken Sie auf Anmeldung abschließen (Abb. 3).

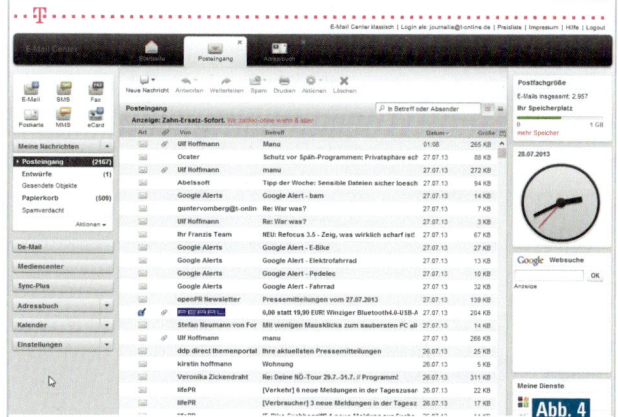

Abb. 4

9 Auf der Startseite von T-Online können Sie sich jetzt mit Ihrer neuen Mailadresse und Ihrem Passwort einloggen (anmelden).

10 Falls Sie nicht jedes Mal Ihre Mailadresse eingeben möchten, klicken Sie auf Login speichern.

Abb. 5

11 Im nächsten Fenster gehen Sie auf E-Mail. Im Posteingang sehen Sie dann, wie viele ungelesene (neue) E-Mails Sie bekommen haben. Falls Sie die Mailadresse neu eingerichtet haben, wird es hier natürlich noch sehr leer aussehen (Abb. 4).

12 Klicken Sie auf Neue Nachricht, um Ihre erste E-Mail zu schreiben (Abb. 5). Ihre E-Mail-Adresse ist bereits eingefügt worden.

13 In das Feld An (**1**) geben Sie die E-Mail-Adresse des Adressaten ein, zum Beispiel Hans.Mueller@meinewebseite.de (Abb. 6).

14 Im Feld Betreff (**2**) geben Sie den Grund der Mail ein, zum Beispiel „Einladung zum Geburtstag".

15 Im großen leeren Feld unten (**3**) schreiben Sie Ihren Text, wie bei einem Brief.

16 Oberhalb der Betreffzeile fallen Ihnen vielleicht zwei Kürzel auf: CC und BCC (**4**). Diese Kürzel stehen für „Kopie" (Carbon Copy) und „Unsichtbare Kopie" (Blind Carbon Copy). Wenn Sie also Ihre E-Mail nicht nur an Hans Müller, sondern auch an Brigitta Müller schicken wollen, klicken Sie auf CC hinzufügen. Auf diese Weise

Abb. 6

Abb. 7

Abb. 8

wird eine identische Kopie Ihrer Mail an Brigitta Müller gesendet. Möchten Sie diese Mail an Brigitta Müller schicken, ohne dass Hans Müller davon erfährt, dann tragen Sie die E-Mail-Adresse in das Feld BCC ein.

17 Wenn Sie eine Mail beispielsweise an 20 Adressaten gleichzeitig schicken möchten, tragen Sie diese jeweils durch Semikolon (Strichpunkt) getrennt in das Feld „An" ein.

18 Möchten Sie zudem ein Foto oder ein Dokument mitschicken, so gehen Sie auf Anhang (5). Ein neues Fenster öffnet sich. Klicken Sie dort auf Datei auswählen.

19 Ein weiteres Fenster öffnet sich, suchen Sie dort Ihre Datei, die Sie verschicken möchten.

20 Klicken Sie auf Öffnen, die Datei erscheint dann im Fenster Anhang anfügen im rechten Bereich (Abb. 7).

21 Wenn es die richtige Datei ist, klicken Sie auf Dateien übernehmen. Die Datei erscheint verkürzt dargestellt im E-Mail-Center im Bereich Anhang (Abb. 8).

22 Wenn Sie die E-Mail versenden möchten, klicken Sie auf Senden (6).

E-Mails abrufen

Ihre Mails finden Sie im Posteingang.

1 Gehen Sie dafür auf www.t-online.de, loggen Sie sich rechts mit Ihrer Mailadresse und Ihrem Passwort ein. Bereits auf der Startseite sehen Sie sodann, ob Sie ungelesene Mails haben (Abb. 9).

2 Klicken Sie auf E-Mail, das E-Mail-Center öffnet sich (Abb. 11). Gehen Sie dort auf Posteingang.

3 Im mittleren Fenster sehen Sie die jüngst an Sie verschickten E-Mails. Sie können den Anzeigebereich vergrößern, indem Sie auf die doppelten Punkte klicken und bei gedrückter Maustaste die Leiste nach unten ziehen (Abb. 10).

E-Mails weiterleiten

1 Um eine Mail weiterleiten zu können, klicken Sie die ausgewählte Mail an, so dass sie geöffnet wird.

2 Im neuen Fenster klicken Sie oben in der Leiste auf Weiterleiten. Geben Sie die Mailadresse ins Feld An ein und schreiben Sie, wenn gewünscht, in das große Feld einen begleitenden Text (Abb. 12).

3 Klicken Sie dann auf Senden.

E-Mails ausdrucken

1 Möchten Sie eine Mail ausdrucken, so klicken Sie diese an, in der oberen Leiste gehen Sie dann auf Drucken.

2 Es öffnet sich das Druckerfenster, wie Sie es auch von anderen Anwendungen auf dem Rechner kennen.

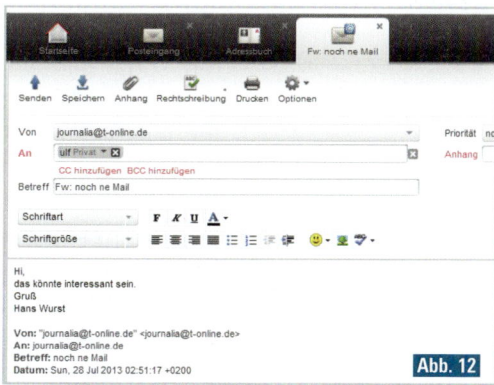

Abb. 13

E-Mails löschen

1 Wenn Sie mit der Maus über eine Mail fahren, blendet sich links im Fenster Posteingang das Symbol einer kleinen Mülltonne ein.
2 Klicken Sie auf die Mülltonne und die Mail wird gelöscht.
3 Die Mail ist dabei noch nicht vollständig gelöscht, sondern sie befindet sich im Papierkorb. Erst wenn Sie den Papierkorb leeren, ist sie unwiderruflich gelöscht (Abb. 13).

Spam-Mails

Auch wenn die meisten Freemail-Betreiber versuchen, unerlaubte Werbemail, sogenannte Spam-Mails, auszufiltern, rutschen immer wieder Mails durch das Raster, die Ihnen im einfachsten Fall nur ein Produkt andrehen möchten, Sie aber im schlimmsten Fall auf eine mit Schädlingen durchsetzte Seite locken wollen, um auf Ihrem Rechner Viren oder Spionageprogramme zu installieren. Sie finden im Bereich Ordner einen Ordner Spamverdacht. Kontrollieren Sie von Zeit zu Zeit diesen Ordner nach fehlgeleiteten Mails, denn hin und wieder kommt es vor, dass das Programm auch seriöse Mails aufgrund bestimmter Kriterien unter Spamverdacht stellt.

VIDEOTELEFONIE MIT SKYPE

Das Internet bietet auch die Möglichkeit, miteinander zu telefonieren, sogar Bildtelefonate sind möglich, und dies völlig kostenlos – jedenfalls solange Sie von einem Skype-Anschluss zu einem anderen telefonieren. Anrufe ins Festnetz oder zu einem Mobiltelefon kosten extra, ebenso das Verschicken von SMS-Nachrichten. Nutzer von Apple-Geräten können übrigens neben Skype auch das Programm FaceTime für Videotelefonie verwenden.
Für Skype brauchen Sie ein Mikrofon und Lautsprecher oder besser eine Kombination aus Kopfhörer und Mikrofon, ein sogenanntes Headset. Für die Bildtelefonie benötigen Sie zusätzlich eine Webcam. Bei vielen modernen Notebooks ist die Webcam oft bereits eingebaut.

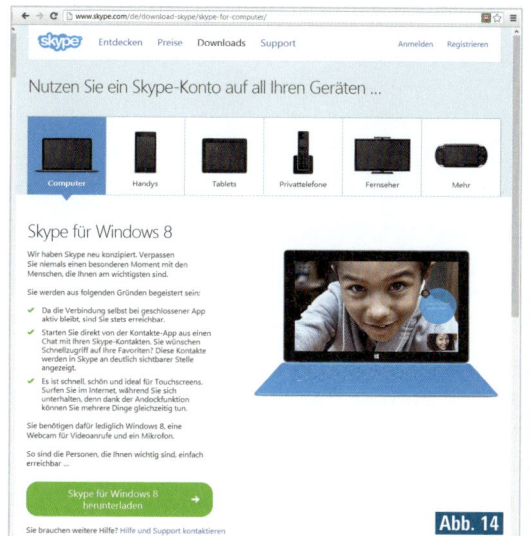

Abb. 14

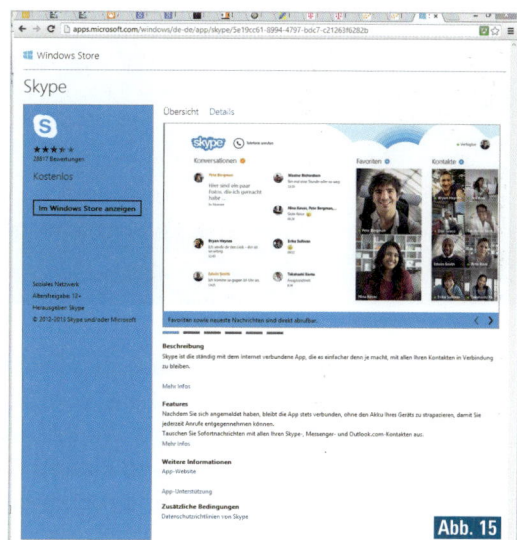

Abb. 15

Gehen Sie auf www.skype.de, suchen Sie unter Downloads die Version für Ihren Computer und Ihr Betriebssystem. Laden Sie das Programm herunter (Abb. 14).

Skype unter Windows 8

1 Bei Windows 8 Metro läuft es über den Windows Store (Abb. 15). Sie brauchen hier einen Microsoft-Account.
2 Die App wird heruntergeladen und ist dann als Kachel auf dem Bildschirm zu sehen. Dort kommen Sie über die sogenannte Charme-Leiste am rechten Bildschirmrand. Dort auf Start klicken (Abb. 16).
3 Skype fragt, ob die Webcam und das Mikrofon verwendet werden dürfen. Klicken Sie auf Zulassen (Abb. 17).
4 Sie müssen sich im nächsten Fenster nochmals mit Ihrem Microsoft-Konto anmelden. Klicken Sie dann auf Speichern. Daraufhin gehen Sie auf Ich bin neu bei Skype (Abb. 18).

Abb. 16

Abb. 17

Abb. 18

5 Im nächsten Fenster müssen Sie sich anmelden. Falls Sie keine Werbemails von Skype bekommen möchten, entfernen Sie die Häkchen weiter unten. Lesen Sie die Geschäftsbedingungen durch und klicken Sie dann auf Ich erkläre mich einverstanden – bei Skype registrieren. Die App ist damit freigeschaltet.

Skype auf einem Desktop-PC

1 Folgen Sie den Anweisungen. Entscheiden Sie sich, ob Skype immer mit Windows zusammen gestartet werden soll. Unter Weitere Optionen können Sie den Speicherort bestimmen und ob ein Desktopsymbol erstellt werden soll.

2 Klicken Sie auf Ich stimme zu – Weiter. Im kommenden Fenster können Sie noch Skype-Klick-to-Call installieren. Damit wird es möglich, direkt von einer Webseite (unterstützt wird dies vom Internet Explorer, Firefox und Google Chrome) durch einen Klick ein Telefonat zu führen. Notwendig für die Skype-Funktion ist es nicht, entscheiden Sie selbst. Auf der Skype-Website finden Sie einige Details zu dieser Option (Abb. 19).

3 Im folgenden Fenster möchte Microsoft Bing als Suchmaschine definieren und MSN als Startseite festlegen. Wenn Sie das nicht möchten, müssen Sie die Häkchen entfernen. Danach beginnt die Programminstallation (Abb. 20).

4 Im nächsten Fenster müssen Sie sich anmelden. Gehen Sie auf Erstellen eines Kontos, oder nutzen Sie das Microsoft-Konto oder den Facebook-Account (soweit vorhanden). Pflichtfelder sind Ihr

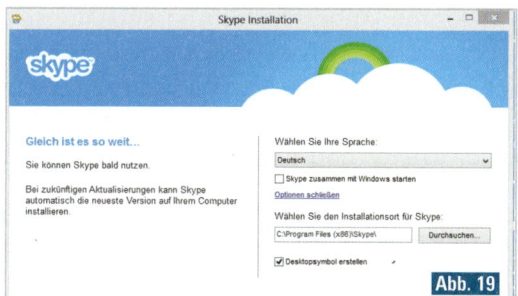

Abb. 19

Abb. 20

Name, eine **E-Mail-Adresse**, Ihr **Land** und Ihre **Sprache**. Wählen Sie für sich einen Skypenamen aus. Skype macht Ihnen dabei ein paar Vorschläge. Freiwillig können Sie im Bereich **Profilinformationen** noch Ihr Geburtsdatum, Ihr Geschlecht und Ihren Ort angeben. Bedenken Sie dabei, dass die Profilinformationen von jedem Skype-Nutzer gesehen werden können (Abb. 22).

5 Achten Sie auf das Häkchen weiter unten. Dies ist aktiviert und wenn es nicht entfernt wird, bekommen Sie Werbung per Mail.

Abb. 21

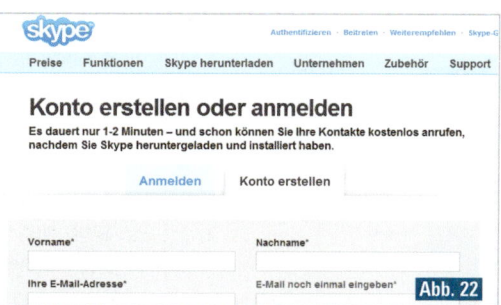

Abb. 22

6 Beim ersten Start wird der **Einrichtungsassistent** geöffnet, der prüft, ob Mikrofon und Kopfhörer/Lautsprecher angeschlossen sind. Bei Notebooks und Tablets ist all das fast immer eingebaut. Bei Desktoprechnern kommunizieren Sie am besten mit einem Headset. Sprechen Sie zum Test etwas ins Mikrofon.

Abb. 23

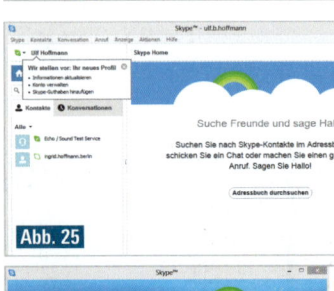

Abb. 24

Abb. 25

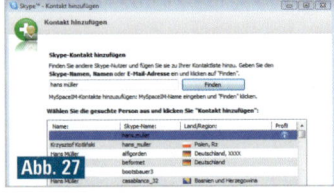

Abb. 26

Abb. 27

7 Wenn kein Mikrofon eingeschaltet und angestöpselt ist, erscheint unten links kein Pegelausschlag. Rechts können Sie sich sehen, wenn Sie eine Webcam installiert haben, ansonsten bleibt hier ein graues Feld (Abb. 23).

8 Klicken Sie auf Weiter und im nächsten Fenster auf Später hinzufügen (Abb. 24).

9 Ihr Profil ist erstellt. Im nächsten Fenster begrüßt Sie Skype mit der Nachricht: Alles ist eingerichtet (Abb. 25).

10 Klicken Sie auf Skype nutzen. Das Kontaktfenster öffnet sich (Abb. 26).

Telefonieren mit Skype

1 Als „Telefonnummer" des Skype-Teilnehmers dient sein Skype-Name. Um jemanden anrufen zu können, müssen Sie den Teilnehmer zunächst in das Telefonbuch eintragen. Klicken Sie dafür auf Kontakte_Kontakt hinzufügen_Skype-Nutzerverzeichnis durchsuchen.

2 In das Suchfenster können Sie eine E-Mail-Adresse, einen Skype-Namen oder auch den bürgerlichen Namen eingeben.

3 Klicken Sie auf Finden, Skype schlägt dann in einer Liste eine Reihe von Teilnehmern vor (soweit vorhanden). Klicken Sie auf den Eintrag, der zu Ihrer Suchanfrage passt (Abb. 27).

4 Skype kontaktiert nun den Teilnehmer mit der Bitte, dass Sie ihn ihr Telefonbuch aufnehmen dürfen.

5 Übernehmen Sie den Begrüßungstext oder schreiben Sie einen eigenen, klicken Sie auf Senden und Schließen. Der Teilnehmer muss nun der Kontaktaufnahme zustimmen, indem er auf die Einträge Neue Benachrichtigungen und Zur Kontaktliste hinzufügen klickt (Abb. 28).

6 Jetzt können Sie den Teilnehmer anrufen. Klicken Sie auf Ihre Kontaktliste, dort auf den gewünschten Teilnehmernamen und dann auf Anrufen. Der Kontaktierte nimmt das Gespräch mit Annehmen an.

Testanruf tätigen

Sie kennen noch keinen Teilnehmer, möchten aber die Einstellungen testen?

1 Unter Kontakten finden Sie bereits zu beginn einen Eintrag. Dieser heißt Echo/Sound Test Service (Abb. 29).
2 Mit diesen können Sie das System testen. Im folgenden Fenster können Sie dann eine Nachricht aufnehmen und wieder abhören (Abb. 30).

Skype auf Smartphones

Skype läuft auf dem iPhone ab iOS 5, beim Windows Phone ab Version 8, bei Android ab Android 2.3.

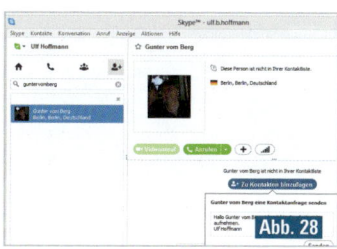

Abb. 28

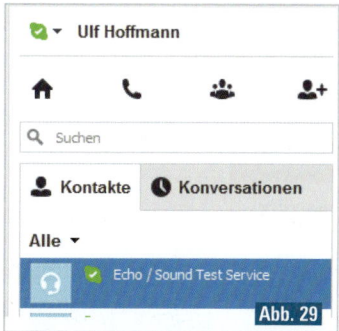

Abb. 29

CHATTEN

Beim „plaudern", „schwatzen" schreibt man sich kurze Nachrichten, die sofort beantwortet werden. Chats sind meist öffentlich, sodass mehrere miteinander ihre Gedanken austauschen können (Abb. 31, 32). Soll es privater zugehen, so kann man sich in spezielle „Räume" zurückziehen – auch Programme wie Skype oder Apps wie „What's App" bietet so eine Chatraum-Funktion. Natürlich sind Chats auch eine Möglichkeit, neue Leute kennenzulernen. Doch sollten Sie sich darüber im Klaren sein, dass sich zunächst einmal immer ein(e) Unbekannte(r) hinter Mausi55 oder Heinz63 verbirgt.

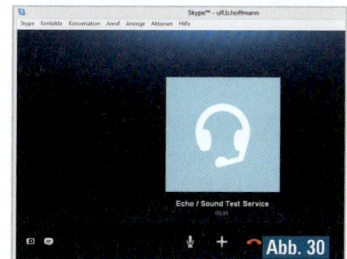

Abb. 30

SOZIALE NETZWERKE

In sozialen Netzwerken trifft man sich, um Informationen zu teilen und mit Gleichgesinnten zu kommunizieren. Die bekanntesten

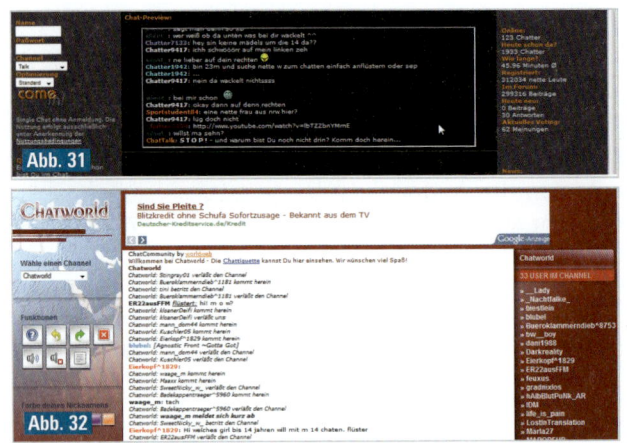

Abb. 31

Abb. 32

Vertreter sind Facebook und Twitter. Daneben gibt es Google+, Wer-kennt-wen, Stayfriends und das Business-Netzwerk Xing.

Insbesondere Facebook wird aber immer stärker auch von großen wie kleinen Unternehmen genutzt, die sich dort den weltweit etwa 800 Millionen Nutzern präsentieren. Viele Facebook-Profile kann man sich ohne Mitgliedschaft anschauen: Auch die Stiftung Warentest ist selbstverständlich vertreten (Abb. 33).

Mitmachen in sozialen Netzwerken

Um bei sozialen Netzwerken mitmachen zu können, muss man sich mit einer E-Mail-Adresse und seinen (echten) persönlichen Daten registrieren – laut Geschäftsbedingungen, aber wer kann das schon überprüfen. Wer von Freunden oder Geschäftskontakten ge-

Abb. 33

Abb. 34

funden werden will, sollte aber seinen Klarnamen benutzen.

Nach der Registrierung können Sie Ihr Profil auffüllen. Gehen Sie lieber sparsam mit Daten und Fotos um: Alles, was man in einem sozialen Netzwerk wie Facebook veröffentlicht (die Nutzer sprechen von „posten"), ist auch generell erst einmal weltweit von allen lesbar. Auch der Anbieter liest meist mit und räumt sich umfangreiche Rechte an Fotos, Texten und Nachrichten ein. Die

Daten werden genutzt, um personalisierte Werbung zu schalten.

Abb. 35

Twitter

Mit Twitter kann man Nachrichten (genannt „Tweets", Gezwitscher) mit einer maximalen Länge von 140 Zeichen senden, empfangen, beantworten und weiterleiten. Wer alle Nachrichten eines bestimmten Autors empfangen möchte, „folgt" ihm (Abb. 35). Manche Autoren haben Millionen solcher „Follower". Dadurch können große Informationsnetzwerke oder Massenbewegungen entstehen.

RECHTLICHE HINWEISE

Erwarten Sie hier bitte keinen gedruckten Rechtsbegleiter für Ihren Weg durch das Internet. Was heute noch als legal betrachtet wird, kann morgen schon teuer bestraft werden.
Gehen Sie also prinzipiell erst einmal davon aus, dass nur Gucken und Hören erlaubt sind, nicht das Herunterladen. Ausnahmen von dieser Regel gibt es, aber sie müssen deutlich als legale Gratisangebote gekennzeichnet sein. Man findet sie beispielsweise in den Downloadbereichen seriöser Computer- und anderer Fachzeitschriften oder auf den Internetseiten mancher Programmhersteller und in Onlinelexika und Onlineportalen als GNU-lizensierte Fotos und Texte.
Ansonsten ist bei fremder Leute Fotos Fingerspitzengefühl gefragt: Auf dem Flugblatt oder in der Ebay-Anzeige kann das bereits als unerlaubte Vervielfältigung gelten. Auch der öffentliche Vortrag, den Sie mit Musik und Filmausschnitten aus Ihrer eigenen CD/DVD-Sammlung unterlegen, ist rechtlich bereits kritisch. Fragen Sie besser den Rechteinhaber, ob er etwas dagegen hat.

REGISTER

IMPRESSUM

© 2013 Stiftung Warentest, Berlin
4., aktualisierte Auflage

Stiftung Warentest
Lützowplatz 11–13
10785 Berlin
Telefon 0 30/26 31–0
Fax 0 30/26 31–25 25
www.test.de
email@stiftung-warentest.de

USt.-IdNr.: DE136725570

Vorstand: Hubertus Primus
Weiteres Mitglied der Geschäftsleitung:
Dr. Holger Brackemann
(Bereichsleiter Untersuchungen)

Alle veröffentlichten Beiträge sind urheberrechtlich geschützt. Die Reproduktion – ganz oder in Teilen – bedarf ungeachtet des Mediums der vorherigen schriftlichen Zustimmung des Verlags. Alle übrigen Rechte bleiben vorbehalten.

Programmleitung: Niclas Dewitz

Autor: Ulf Hoffmann
Projektleitung/Lektorat: Johannes Tretau
Mitarbeit: Veronika Schuster
Korrektorat: Hartmut Schönfuß, Berlin
Titelentwurf: Susann Unger, Berlin
Layout: Pauline Schimmelpenninck Büro für Gestaltung, Berlin; Sylvia Heisler
Grafik und Satz: Sylvia Heisler, Martina Römer, Berlin
Bildredaktion: Sylvia Heisler
Bildnachweis: Photonica, Neo Vision (Titel); thinkstock (Innenteil)

Produktion: Vera Göring
Verlagsherstellung: Rita Brosius (Ltg.), Susanne Beeh
Litho: tiff.any, Berlin
Druck: Rasch Druckerei und Verlag GmbH & Co. KG, Bramsche

ISBN: 978-3-86851-216-8